LES PROPHÉTIES
DU PAPE JEAN XXIII

PIER CARPI

LES PROPHÉTIES
DU
PAPE JEAN XXIII

L'histoire de l'humanité, de 1935 à 2033

*

Traduit de l'italien
par
GENEVIÈVE CATTAN

PRESSES SELECT LTEE
1555 ouest rue de Louvain,
Montréal, P. Q. H4N 1G6

Couverture : photo Keystone

A Giorgio
En fraternelle amitié

Maintenant ils savent
que tout ce que tu m'as donné vient de toi;
car les paroles que tu m'as données,
je les leur ai données
et ils ont vraiment admis que je suis
sorti de toi
et ils ont cru que tu m'as envoyé.

(Saint Jean, 17/7, 8)

Introduction

« Bon maître, que dois-je faire pour avoir en partage la vie éternelle ? » Jésus lui dit : « Pourquoi m'appelles-tu bon ? Nul n'est bon que Dieu seul. »

(Saint Marc, 10/17, 18)

Angelo Roncalli est né le 25 novembre 1881 à Sotto-il-Monte, dans la province de Bergame, non loin de Brusicco. Ses parents, Marianna Mazzola et Giambattista Roncalli, avaient plusieurs enfants et étaient métayers du comte Morlani. En 1892, Angelo entre au petit séminaire de Bergame puis passe au grand séminaire, où il restera jusqu'à sa seconde année de théologie, en 1900. C'est en 1895 que le jeune homme commence à tenir ce qu'il appellera plus tard son «Journal de l'Ame»; il ne cessera, jusqu'à sa mort, d'y inscrire ses angoisses et ses espérances. Toujours en 1895, il endosse la soutane.

En 1900, à l'occasion de l'Année Sainte, il fait un pèlerinage à Rome. Le 4 janvier suivant, grâce à une bourse d'études, il peut entrer au séminaire romain de l'Apollinaire. Il s'y distingue par son application et ses compétences. Il obtient le baccalauréat en théologie et un prix d'hébreu. Conscrit de la classe 1901, il entre, le 30 novembre, au 73e R.I. de Bergame, à la caserne

11

Umberto Ier (du nom du roi tué, un an auparavant, par l'anarchiste Bresci). Il est démobilisé en novembre 1902.

10 août 1904. En l'église Sainte-Marie-du-Mont-Sacré, il est ordonné prêtre. Le lendemain, le pape le reçoit en audience. De retour à Bergame, il devient le secrétaire de Mgr Giacomo Maria Radini Tedeschi. L'évêque de Bergame lui témoignera toujours une affectueuse prédilection. De son côté, le jeune prêtre est littéralement modelé par la personnalité de cet homme fort, décidé, d'une grande foi. Au cours des dures années de pontificat, dans son «Journal de l'Ame» et dans ses entretiens avec ses collaborateurs, il se référera souvent à son modèle. La mort même n'interrompra pas leur dialogue.

A cette époque-là déjà, Angelo Roncalli manifeste son goût des voyages. Il veut connaître les gens, leurs coutumes, leur réalité quotidienne. Jamais il ne cessera de voyager, malgré les nombreux rappels à l'ordre de la hiérarchie; nonce apostolique nommé ici ou là, il lui arriva d'abandonner son siège pour de longues périodes afin d'aller au cœur des diocèses — quitte à affronter des dangers. Jusqu'alors un nonce devait, sans quitter la capitale, se limiter à établir des relations diplomatiques. Cette règle, Angelo Roncalli la bouleversa. Il alla à la rencontre des communautés les plus petites, des missionnaires. En jeep, voire à pied. Il célébra personnellement les rites dans les milieux les moins accueillants qui fussent. Souvent il dut dormir en voiture, dans une grange, dans une porcherie ou à la belle étoile. Peu importait : il aimait cette vie.

Avant que la mort ne frappe Mgr Radini — ce qui toucha profondément le futur pape — il fit un pèlerinage en Terre sainte et se rendit en Suisse, en Allemagne, en Autriche, en Hongrie et en Pologne. En 1915, rappelé sous les drapeaux avec le grade de sergent sanitaire, il est nommé aumônier de l'hôpital de Bergame. En 1916, son hommage «En souvenir de Mgr G.M. Radini Tedeschi» est publié. A la fin de la guerre, il est pressenti pour s'occuper des jeunes et des étudiants dont il comprend particulièrement bien les problèmes. En 1918, il fonde la Maison de l'Étudiant de Bergame et, l'année suivante, devient directeur spirituel du séminaire de sa ville.

Alors que tout le destine à se préoccuper des jeunes, des étudiants et de leur vocation, le pape l'appelle à Rome. Sa vie est une suite de péripéties de ce genre qu'il a toujours acceptées avec humilité et enthousiasme, même si ses programmes spirituels s'en sont plus d'une fois trouvés bouleversés. Benoît XV le fait entrer dans la «Congrégation sacrée de Propagande de la Foi» et l'homme de Bergame réussit, non sans difficulté, à s'introduire dans ce milieu de la curie romaine qui lui est étranger. Il devient président du Conseil central pour l'Italie des Œuvres pontificales missionnaires et, en novembre 1924, il est nommé professeur de patristique à la faculté pontificale de Saint-Jean-du-Latran, à Rome. L'année suivante le voit consacré évêque de l'église Saint-Charles-du-Corso, mais sa vie va connaître un nouveau bouleversement. La Curie le réclame ailleurs. Nommé archevêque d'Aeropoli, il est envoyé comme délégué apostolique en Bulgarie. Il voyage sans cesse, s'épuise à contacter toutes les communautés chrétiennes et, en 1927, après de longues manœuvres diplomatiques, réussit à rencontrer Stepanosse Hovegnimian, métropolite des Arméniens. En devenant frère parmi les frères, en surmontant des obstacles vieux de plusieurs siècles, les conventions, les barrières, les anathèmes, les excommunications et hostilités en tout genre, il fait ses premiers pas sur la voie d'un œcuménisme qu'il n'abandonnera plus.

En 1931, il est nommé premier envoyé apostolique en

Bulgarie. Mais un changement radical va modifier à nouveau sa vie. La Turquie et la Grèce vivent des situations difficiles, très particulières. L'Église y connaît de grandes difficultés et a besoin d'une personne dynamique mais prudente, diplomatiquement sûre et disposée à accepter des humiliations, des sacrifices, voire même des persécutions. On choisit Angelo Roncalli. En qualité d'archevêque de Mesembria, il devient nonce apostolique en Turquie et en Grèce. La même année, son père meurt.

Angelo Roncalli voyage inlassablement. Il aura à vaincre la méfiance des gouvernements locaux mais aussi les obstacles que le Vatican met sur son chemin — rappels à l'ordre, avertissements. Quatre ans durant, il visitera les communautés les plus lointaines, organisera des rencontres secrètes, créera un réseau important de sympathies et d'amitiés qui ouvriront à l'Église catholique un monde qui semblait perdu pour elle. En 1939, l'essai auquel il travaille depuis des années est publié : «Les Débuts du séminaire de Bergame et Saint-Charles-Borromée, notes historiques.»

1941 : nouvelle étape sur la voie de l'œcuménisme. En visite à Sofia, il donne l'accolade à Stefan, métropolite orthodoxe. Cette rencontre, apparemment fortuite, se fait en terrain neutre : dans un ascenseur, tout simplement. Angelo Roncalli désirait cette entrevue mais il savait aussi à quels dangers il s'exposait vis-à-vis des forces les plus conservatrices de l'Église. Entre-temps, la Seconde Guerre mondiale avait éclaté et le futur Souverain Pontife visita une Grèce en ruine, détruite par les bombes.

En 1944, un désaccord profond surgit entre la France libérée et le Saint-Siège. Le général de Gaulle, fervent catholique, fait savoir à Pie XII qu'il n'entend pas garder les évêques et prélats compromis par le régime collaborateur de Pétain. La situation est désespérée. Le pape réfléchit longtemps, passe en revue ses cadres et se souvient de cet homme prudent, silencieux, sympathique qui avait fait preuve de sa grande compétence en Turquie. Et voilà Angelo Roncalli nommé nonce apostolique en France, pour une mission des plus difficiles.

Le premier contact, privé, avec de Gaulle et ses collaborateurs n'est pas tendre ; le général a dressé deux listes : la première porte le nom des évêques et prélats à chasser. La seconde, ceux des prélats qui se sont distingués dans la Résistance. Roncalli biffe les noms de ces derniers pour une éventuelle promotion et, après avoir présenté ses lettres de créance, prend le temps de mettre en place son plan. Alternant les réceptions, les rencontres imprévisibles et des visites impromptu dans les diocèses les plus lointains, il réussit à ne pas trop mécontenter le gouvernement, à défaut de lui donner satisfaction. Il devient l'ami de ministres francs-maçons, laïcs, anti-cléricaux. Sa maison est ouverte à tous et, à sa table, se côtoient des personnes politiquement opposées.

De Gaulle lui témoigne la plus grande admiration. Après la mort de Pie XII, au moment du conclave, le général, qui, entre-temps, est revenu au pouvoir, rappellera spécialement l'ambassadeur de France auprès du Saint-Siège pour lui demander d'agir au mieux en faveur de Roncalli. Le futur Jean XXIII n'a jamais su cela. Il n'y aurait d'ailleurs pas prêté la moindre attention, puisqu'il mettait tout, comme toujours, sur le compte de la Providence et du Saint-Esprit.

La province française et la Belgique sont sillonnées : on le voit dans les diocèses oubliés, dans les églises les plus humbles. Et alors qu'il croit sa mission sur terre arrivée à son couronnement et qu'il souhaite retourner vivre à Bergame chez les religieuses, son élévation à la pourpre est annoncée. Il est cardinal de l'Église apostolique romaine.

Nous sommes en 1953, le 15 janvier. Selon la coutume, il reçoit la barrette de cardinal des mains du président de la République française, son ami Vincent Auriol, à l'Élysée. Au même moment, à Rome, Pie XII annonce officiellement que le cardinal Roncalli est nommé patriarche de Venise. Sa vie, une fois de plus, est complètement bouleversée, mais c'est avec enthousiasme et sérénité qu'il fait son entrée dans son nouveau diocèse, acclamé par des milliers de fidèles. Il pense qu'il vit la dernière étape, il le note même dans le «Journal de l'Ame». Pourtant, six ans après, Pie XII meurt. Angelo Roncalli, accompagné du fidèle Mgr Loris Capovilla, part pour Rome où il doit participer au conclave.

La situation est tendue. L'assemblée est divisée sur le fait que Pie XII, pour des raisons qu'aujourd'hui encore on n'explique pas complètement, a toujours obstinément refusé l'élévation cardinalice à Giovanni Battista Montini. Mais les conflits externes n'atteignent pas le conclave : la foi pure est au centre des débats et il s'agit, d'une manière ou d'une autre, de conduire la barque de saint Pierre. Les factions progressistes et conservatrices comprennent que leurs candidats ne gagneront pas la partie et quelqu'un, alors, murmure le nom d'Angelo Roncalli. Il en est le premier stupéfait et tremble devant la lourde tâche qui pourrait lui incomber. Sa candidature se renforce. Il est élu.

Il choisit le nom de Jean XXIII. C'est déjà un acte révolutionnaire de la part de ce pape qui aurait dû n'être que de transition, qui n'aurait dû apporter aucun changement à l'intérieur de l'Église. Jean, le prénom, par référence à Baptiste et à l'Évangéliste. XXIII pour effacer une équivoque historique selon laquelle un pape qui portait ce nom devint par la suite anti-pape. Dès qu'il se présenta à la foule massée sur la place Saint-Pierre, il souleva aussitôt les enthousiasmes, même si son nom ne leur disait pas grand-chose. Sa silhouette, son visage, son allure ouverte et sa bonhomie — mélange habile de diplomatie et de prudence, ces dons cultivés pendant des décennies dans les nonciatures et les délégations — familière plurent tout de suite. Le 4 novembre 1958, il est solennellement couronné à Saint-Pierre, devant une foule immense. Vingt jours après, il nommera vingt-trois cardinaux — parmi lesquels Montini — et là commence son pontificat *différent*. Ses premières visites sont consacrées aux prisonniers de la prison Regina Cœli, à Rome, et aux malades des hôpitaux.

Tout, alors, est bouleversé. La lenteur bureaucratique de la Curie, bousculée. Les formalismes, dépassés. Alors qu'il écrit une de ses premières encycliques, son secrétaire d'État, relisant quelques feuillets manuscrits, lui fait remarquer que certains mots sont inventés et n'appartiennent pas à la langue italienne. «Même le dictionnaire Palazzi ne les cite pas», remarque le cardinal. Et le pape Jean répond, dans un sourire : «Eh bien, nous réformerons aussi le Palazzi.»

Le 25 janvier 1959, le nouveau pape, revêtu de sa robe d'évêque de Rome, annonce, en l'église Saint-Paul-hors-les-Murs, la célébration imminente d'un Synode pour le diocèse de Rome et d'un Concile pour l'Église catholique. C'est le fameux Concile Vatican II. La nouvelle fait l'effet d'une bombe. Dans les notes laissées par son prédécesseur, Jean XXIII a trouvé l'amorce du Concile. Mais Pie XII avait sans doute jugé l'initiative prématurée et souligné les risques d'une telle opération pour l'Église. Le pape Jean, lui, ose. Il veut que tous les hommes de l'Église puissent parler, qu'ils confrontent leurs expériences, leurs idées, surtout sur le plan de la communion fraternelle et ecclésiastique. Car l'Église a besoin que ses fils parlent et témoignent. Et les fidèles, eux, attendent de leurs pasteurs la clarté.

La même année, il publie sa première lettre encyclique, « Ad Petri Cathedram ». Entre la fin de cette année-là et le début de la suivante, huit cardinaux sont nommés. A mesure que leur nombre augmente, l'Église s'enrichit d'un sang neuf et d'expériences nouvelles. En 1960, après avoir élevé à la pourpre cardinalice un Africain, un Japonais et un Philippin, Jean XXIII révolutionne à nouveau l'Église en recevant le primat de l'Église anglicane. Il rencontre en même temps d'autres frères séparés de l'Église et ouvre la voie à des études sur les sociétés ésotériques et initiatiques et sur leurs relations avec l'Église. Prémices d'une opération qui devait conduire au dépassement de l'excommunication pour les francs-maçons.

En 1961, il nomme quatre nouveaux cardinaux. Il reçoit les souverains d'Angleterre, Elisabeth II et Philippe d'Edimbourg, puis ceux de Belgique, Baudouin et Fabiola. C'est la même année que paraît une de ses plus extraordinaires encycliques, la « Mater Magistra », œuvre fondamentale pour la pensée moderne de l'Église : l'esprit de Jean XXIII y explose dans un embrasement d'enthousiasme pour le monde et les hommes. Le Christ est à tous, même à ceux qui le rejettent, l'Évangile est partout. Et le monde répond à cet enthousiasme avec une chaleur rarement témoignée dans un cas pareil. La lettre « Mater Magistra » donne du souffle aux voix qui se préparent au Concile, l'Église y trouve courage et force, on y redécouvre des choses oubliées depuis fort longtemps et qui appartiennent à cette tradition d'authenticité dont le pape Jean XXIII ne s'écartera jamais — malgré certaines campagnes de presse calomnieuses qui voudraient faire croire le contraire.

En 1961 toujours, le secrétaire d'État, Domenico Tardini, disparaît. Il est remplacé par le cardinal Amleto Cicognani. En novembre, le pape envoie son encyclique « Aeterna Dei » et, à Noël, la lettre qui annonce pour 1962 le Concile Vatican II.

Tout en se préparant pour ce grand événement, Jean XXIII trouve le temps de nommer dix nouveaux cardinaux, de recevoir des chefs d'État et de se rendre en pèlerinage à Lorette et à Assise. C'est, depuis des siècles, le premier pape qui s'éloigne du Saint-Siège. Sur son passage, les foules se pressent et lui manifestent un attachement toujours croissant. Le monde entier assistera, le 11 octobre, à l'inauguration officielle de la première session du Concile. A travers ses pères, l'Église s'affronte et se rencontre, dialogue, s'observe et s'ouvre.

Le 25 novembre, jour de son quatre-vingt-unième anniversaire, le pape subit une première attaque de son mal. Le 8 décembre, il lève la première session du Concile et annonce sa reconvocation pour le mois de septembre suivant.

Mars 1963. Au grand scandale du monde occidental et des conservateurs en général, Jean XXIII reçoit Rada Krusciova, fille du Premier soviétique, et son mari, le journaliste Alexei Agiubei. Le jeudi saint, il rend publique son encyclique « Pacem in Terris » : son discours prend là une ampleur universelle, l'humanité tout entière est impliquée dans le message de rédemption du christianisme contenu dans l'élément Amour, Paix et Tolérance. De nouvelles barrières s'effondrent. L'Église a un visage nouveau qui, en réalité, est le sien depuis toujours si l'on fait une analyse critique, historique et sociale des différents moments qu'elle a vécus et des victoires qu'au nom de l'Homme et de son progrès elle a remportées.

Dans « Pacem in Terris », la Cité de Dieu devient Cité

de l'Homme. Dans le discours œcuménique, déjà courageusement amorcé par le Concile, les deux concepts se mêlent à travers la voix du Saint-Père : ferme et douce à la fois, elle est l'authentique interprétation du christianisme par le Vicaire de saint Pierre qui fonda l'Église.

Il ne suffit pas de découvrir le Christ-Dieu, dans le mystère de la Trinité, dans la Parole et la Révélation, dans le Sacrifice et le Salut. Il faut aussi découvrir Christ-Homme. Jésus-Christ dans le frère, l'ami ou l'ennemi. Jésus-Christ dans chaque être humain. Le découvrir grâce à cet amour qui est, de tous les actes chrétiens, le plus courageux : là réside le véritable enseignement de Jean XXIII, d'une Église non pas nouvelle, comme on le dit à tort, mais rétablie dans ses valeurs immuables.

Sans doute est-ce là la seule explication de la sympathie profonde que tous — y compris les non-croyants — ont témoignée à ce pape qui a su rénover la réalité humaine du Christ. Ne s'est-il pas fait lui-même le témoin de cette réalité en apportant à tous la Parole du Christ-Dieu et du Christ-Homme — tout en s'opposant à l'esprit conservateur et aux privilèges ?

A un malheureux qui disait n'être pas touché par la foi, quelqu'un répondit : «Tu ne crois pas en Jésus-Christ, mais sache que l'important est que Lui croie en toi.»

Christ-Dieu. Christ-Homme.

Mystère de la foi qui prend ses racines en chacun de nous. Ce quelque chose qui nous appartient et que le pape Jean XXIII nous a seulement rappelé en nous donnant la force de faire renaître en nous ce mystère.

Mystère profondément initiatique aussi, car comment ne pas retrouver, dans le témoignage du pape Jean, les enseignements de Hermes Trismegistus sur la «réalité de la Chose Unique», ou l'affirmation de Pythagore, ce grand initié, quand il parle de «l'homme qui doit devenir l'égal de Dieu» dans ses «Vers d'Or».

Si une lecture profane de ce vers pythagorique peut mener à des considérations de type faustien, une lecture initiatique, symbolique, qui sous-entend la connaissance de la clef exacte de ce vers, révèle des coïncidences avec l'exemple donné par le pape Jean XXIII, tout entier mêlé à la tradition chrétienne.

Jean XXIII apparaît en public pour la dernière fois en 1963, à l'occasion de la fête de l'Ascension. Il est à la fenêtre de son bureau. Les mots qu'il prononce sont empreints de douceur, de simplicité, d'humanité. Puis frappe la mort, vide impossible à combler, ce 3 juin 1963. Avec lui, en chacun de nous, s'éteint un petit quelque chose.

Le 18 novembre 1965, le Concile Vatican II travaille à temps complet. Les volontés du pape Jean XXIII s'accomplissent. Le nouveau pape annonce que Pie XII et Jean XXIII seront béatifiés. Angelo Roncalli, qui fait déjà partie de l'Histoire, s'apprête à monter au rang des bienheureux.

On donnera de lui mille définitions, les unes par excès de sympathie, les autres par souci non avoué de pragmatisme, d'autres encore pour tenter de faire un peu sienne une figure qui ne disparaîtra jamais. «Pastor et Nauta», l'homme venu de la terre bergamasque et de la cité des eaux, Venise. On le surnommera aussi le Bon Pape.

Je ne crois pas qu'il en serait content.

Parce qu'il n'y a pas, dans l'Église, de bons ou de méchants papes. Il n'y a que des papes, sans qualificatif.

Cela, Jean XXIII le savait. Et il sut le montrer.

L'histoire des prophéties

*Pour ce qui est des dons spirituels,
frères, je ne veux pas vous ·voir dans
l'ignorance.*

(Corinthiens, 12, 1)

Un village au pied de l'imposante forteresse où le comte Alexandre de Cagliostro fut emprisonné, Saint-Léon-de-Montefeltro. C'était au soir d'une de mes nombreuses visites à la cellule où le *maître inconnu* fut emmuré vif. Dans la cour, sous la conduite de la guide, impeccable et ponctuelle, les derniers touristes se préparaient à partir. J'hésitais encore. Appuyé au muret, je regardais le mont en forme de tortue, dont Cagliostro parle dans une de ses nombreuses prophéties : «Je souffrirai auprès de la tortue.» Les témoignages ne manquent guère sur l'ampleur de ses souffrances et il faut être de parti pris ou refuser toute analyse historique pour continuer à croire que Alexandre de Cagliostro ne fut qu'un petit filou et non ce grand initié que nous connaissons aujourd'hui.

Le vieil homme et le chien se tenaient tout près. Il me semblait reconnaître le visage du vieillard, sans pour autant m'en souvenir vraiment. Vêtu de gris, la peau olivâtre et les cheveux blancs, il avait quelque chose d'oriental. Une demi-journée durant, il avait tourné dans

23

la cour, sans but apparent ; le brave chien-loup le suivait. L'homme semblait connaître l'endroit, ses plus petits secrets. Longtemps il était resté assis sur le muret d'où l'on distingue ces fameux cercles qui inspirèrent Dante, banni à Saint-Léon pour ses Chants de l'Enfer. Longtemps il était resté dans la cellule de Cagliostro, seul. Sur le lit de bois dur, il avait laissé un bouquet de roses, lié par trois rubans : un noir, un blanc, un rouge. Les couleurs initiatiques de la tradition martinienne et gnostique.

Son visage me disait bien quelque chose. Mais l'homme ne semblait pas désirer le contact. Il faisait presque nuit. Je me détachais du mur, décidé à partir, quand le vieillard lâcha la laisse du chien qui se précipita vers moi. Il se frotta amicalement contre moi. Je le caressai. Puis je relevai la tête. Le vieillard était devant moi.

Il sourit légèrement et je crus de nouveau le reconnaître.

— Ou en sont vos recherches sur Cagliostro ? me dit-il.

— J'avance, un peu grâce à vous. Le document que vous avez déposé chez moi l'autre nuit m'a été très utile.

Comme je l'ai déjà raconté ailleurs, les premiers temps où je me suis penché sur des documents inédits pour tenter de faire toute la vérité sur Cagliostro, quelqu'un, une nuit, a sonné à la porte de ma maison de Milan. J'ai ouvert et me suis trouvé en face d'un vieil homme qui, sans se présenter, m'a remis une petite boîte. «C'est une dette que je dois payer», me dit-il simplement. Et il s'en alla. Dans la petite boîte, il y avait un microfilm reproduisant quelques-unes des pages les plus fondamentales de l'œuvre de Cagliostro, que ce soit sur le rituel égyptien de la maçonnerie fondée par lui-même ou sur son testament spirituel.

— Ce n'était pas moi, dit le vieillard en se baissant pour rattacher la laisse de son chien. Ce n'était pas moi mais quelqu'un que je connais bien. Cagliostro a besoin de justice, même si tout ne peut être dit sur lui. Certaines choses doivent rester secrètes, et ce ni par amour du secret, ni par goût sectaire, ni même par volonté élitiste. Vous me comprenez.

Je le comprenais en effet. Il s'agissait du discours ésotérique qui reflétait, pour le catholicisme, la fin de l'Évangile de saint Jean, le prédicateur de la Lumière.

J'observais mon interlocuteur. La nuit était tombée, le gardien allait fermer les portes d'un moment à l'autre. Ce vieillard ressemblait à s'y méprendre à mon visiteur d'une nuit. Or il le connaissait aussi, il savait ce qu'il avait fait. Et il devait savoir bien d'autres choses. Plus je l'observais, plus je lui trouvais un air de famille avec cet autre vieil homme que j'avais mieux connu. Il y a des êtres humains qui, à force de s'aimer, de vivre les mêmes expériences, les mêmes luttes, la même foi, arrivent à se ressembler physiquement.

Je lui dis le nom de l'autre vieil homme. Il acquiesça lorsque je lui demandai s'il le connaissait.

— Moi aussi, j'ai, comme lui, lu dans les livres magiques de « T » et de « M ». Nous sommes plus d'un à avoir fait cette expérience. Et je sais que le vieillard qui vous est apparu me ressemble beaucoup. Nous avons tous le même visage — il est le miroir de notre maître.

Je posai encore quelques questions, mais il resta évasif.

— Ils vont fermer, dit-il pour terminer. Nous avons encore bien des choses à nous dire, vous et moi. Je viendrai vous voir quand le moment sera venu.

J'attendis sa visite. Je savais qu'il viendrait.

A ce point de mon récit, je dois prier le lecteur de m'excuser si je ne dis pas tout. On m'a demandé de taire certaines choses. Je l'aurais d'ailleurs fait, même si je ne m'y étais engagé. Certaines choses, d'abord, me concernent personnellement, que ce soit sur le plan spirituel ou à un niveau plus subtil. Je ne peux ni ne veux les dire, parce qu'elles m'appartiennent. Quand bien même le voudrais-je que je n'y réussirais pas. Certaines choses se voient, se sentent; elles ne se disent ni ne s'écrivent. On y arrive à l'aide de symboles, de révélations, à force de travail personnel, intime. On peut aider les autres à y arriver, mais il faut faire en sorte qu'ils suivent la même voie, qu'ils affrontent les mêmes difficultés, les mêmes sacrifices. Sans tout cela, ce qu'ils verront, ce qu'ils auront à connaître ne saurait être leur propre conquête, leur vérité authentique. Leur lumière. Or on ne peut raconter la lumière à un aveugle. On lui redonne la vue, ou on se tait.

Pourtant, j'essaierai d'être aussi clair que possible, même si ce que je vais écrire semble un peu «exotique» à un esprit non instruit d'ésotérisme. Que celui qui est arrivé à certaines connaissances me pardonne aussi s'il trouve ma manière d'expliquer ces choses par trop vulgaire. La clarté a ses exigences et quand certains arguments s'affrontent, si l'on doit en taire d'autres, il vaut mieux, sur des thèmes délicats, faire un exposé profane.

Il me faut aussi ajouter certaines données pour expliquer le bref dialogue entre le vieil homme et moi.

Le vieillard que nous connaissions tous les deux vécut ce que Cagliostro avait lui-même vécu dans sa jeunesse. Pèlerin en Afrique et en Asie, sous la conduite du maître Althotas, il entra en contact avec les cénacles ésotériques et initiatiques de l'islam, fortement attachés aux traditions de la Chaldée. Je raconterai rapidement pourquoi cette expérience fut vécue aussi par Angelo Roncalli et en quoi elle a été pour lui *le début* d'un grand discours unique, clef de ce que j'appellerai ses *prophéties*.

Je ne peux, hélas! traiter à fond certains arguments

dans ce livre; ni expliquer des chapitres entiers de la tradition occidentale. Ni même décrire en détail certaines grandes figures qu'il faut absolument connaître pour arriver à tout comprendre. Je ne dirai que ce qui est nécessaire et je souhaite que ceux qui voudront approfondir tel ou tel élément se rapportent à d'autres textes — parmi lesquels quelques-uns écrits par moi-même — pour trouver l'explication, le détail, la référence capables d'enrichir le débat.

Il me faut commencer par Christian Rosenkreutz, le noble chevalier fondateur de l'ordre de la Rose+Croix. Son nom a fait l'objet de nombreuses spéculations au cours des siècles. De nos jours, il existe encore des sociétés initiatiques, surtout en Allemagne, en Angleterre et aux États-Unis, qui se réclament de la tradition rosicrucienne, de son fondateur et des autres maîtres du passé. Il s'agit, presque toujours, de l'œuvre de quelques maniaques fanatiques, de congrégations de type protestant et puritain — autant de choses aussitôt condamnées. Bien sûr, il existe aussi de nos jours une authentique tradition qui nous arrive directement du fondateur. Ses maîtres et ses disciples, agissant, là, dans le secret et la sérénité, restent presque tous inconnus.

Christian Rosenkreutz, noble chevalier allemand, fit un pèlerinage en Terre sainte au début du xve siècle, en compagnie d'un ami qui mourut en chemin. Resté seul, il alla de village en village, à la recherche d'une vérité qui lui échappait. Il s'introduit dans les cercles ésotériques islamiques, gardiens jaloux des antiques secrets, et, une fois initié, jouit de toute la confiance des Anciens. Ils lui permirent de lire les deux livres sacrés, celui de «T», celui de «M» — ce sont là leurs définitions ésotériques. Dans ces deux livres est contenue toute la connaissance. Ces textes que les rois, les hommes des sciences et des arts ont cherchés, presque toujours en vain, pendant des siècles ! Ces livres qui, s'ils devaient tomber dans des mains profanes, verraient leurs pages devenir blanches. D'une blancheur pouvant atteindre l'ultime violence de la lumière : capable d'aveugler.

Avec la permission de ses maîtres, Rosenkreutz retourna en Europe, où il avait l'intention de fonder une société initiatique pour transmettre sa connaissance. L'Espagne se moqua de lui, Rosenkreutz lui préféra l'Allemagne. De retour dans son pays, il réunit autour de lui ses premiers disciples et fonda l'ordre de la Rose+Croix.

Quand il sut sa mort proche, il choisit une sépulture dans un lieu connu de lui seul et annonça que l'on retrouverait son corps après cent vingt années. Il en fut ainsi. Les disciples initièrent à leur tour d'autres disciples, selon le pouvoir reçu du maître — soulignons à ce propos le caractère immuable de la tradition rosicrucienne par rapport aux précédentes.

Cent vingt ans plus tard, quelques rosicruciens trouvèrent, *par hasard*, la tombe du maître. Sur la porte du tombeau, cette mention : « Je réapparaîtrai dans cent vingt ans. » En pénétrant dans le sépulcre, ils entendirent une musique céleste et virent le corps de Christian Rosenkreutz, encore intact, suspendu en l'air, dans la position de la croix. Une lumière verte et diffuse, qui venait on ne savait d'où, auréolait le corps du maître. Dans ses deux mains, il tenait, ô miracle, les livres sacrés « T » et « M ».

En se baissant pour apercevoir le visage du maître, les disciples se sentirent transformés. Spirituellement mais, aussi, physiquement.

On dit que le véritable rosicrucien, même s'il a reçu l'initiation de son maître, ne deviendra rosicrucien à part entière que lorsqu'il aura trouvé le tombeau de Christian Rosenkreutz, qu'il aura vu son visage et se sera reflété en lui. A ce moment-là, son visage sera le visage de Rosenkreutz.

[Pour ceux qui ne savent pas, tout autant que pour ceux qui savent, je tiens à préciser que je me suis limité à rapporter la *légende* de Christian Rosenkreutz, sans en aborder le symbolisme ou les clefs nécessaires à sa pénétration. Tel n'est pas mon propos dans ce livre. La légende suffit, elle parle d'elle-même. Elle est claire et montre à qui le veut bien tout ce qu'elle voile et révèle à la fois, selon la clef d'Isis-la-Voilée. *Révéler* signifie à la fois montrer *et* remettre le voile, cacher. L'analyse des symboles et l'intelligence des clefs ne font pas l'objet de ce livre.]

Depuis lors, les rosicruciens se répandirent un peu partout. On dénombre dans leurs rangs presque tous les maîtres de la magie, de la connaissance, de l'alchimie. Comme toutes les disciplines secrètes, cette dernière reflète très exactement la *légende*. Ce mot est impropre, mais c'est le seul que je puisse employer. Je tiens à redire qu'il ne s'agit pas d'une légende au sens profane du terme, mais d'une réalité. Christian Rosenkreutz était — et reste — une *réalité*.

On a beaucoup parlé des rosicruciens, parfois à tort et à travers. Je ne m'étendrai pas davantage, me limitant à dire qu'ils ont joué un rôle déterminant dans toutes les sociétés ésotériques authentiques. Ils sont, aujourd'hui encore, la clef de référence pour tous ceux qui *cherchent*.

Le vieil homme de la forteresse de Saint-Léon, donc, voulait me faire entendre qu'il était rosicrucien, comme tous ceux qui lui ressemblaient. Qu'il avait lu, en songe, les livres de « T » et de « M ». Mais surtout qu'il était entré dans le sépulcre de Christian Rosenkreutz, au même titre qu'un franc-maçon a compris le mystère de la mort de Hiram, donc de la mort mystique ; qu'un alchimiste a, par la pratique du Vitriol, pénétré son propre sépulcre et créé l'homme nouveau avec l'or spirituel ; qu'un chevalier a découvert le Graal ou trouvé sa «dame» pour s'apercevoir qu'il ne s'agissait pas d'une femme mais de son moi féminin.

Et le vieillard revint me voir. Mon livre sur Cagliostro venait de paraître. Il arriva un soir, sans s'être annoncé. Nous restâmes ensemble jusqu'à six heures du matin. Il parla sans arrêt, sur un ton décidé. J'écoutai, posai quelques questions auxquelles il ne répondit pas toujours. C'est cette nuit-là qu'entre autres choses il me fut donné de connaître les prophéties du pape Jean.

Tout ce qu'il me dit, j'eus l'occasion de le vérifier. J'ai fait d'attentives recherches. Je dois d'ailleurs remercier de leur aide quelques représentants de sociétés initiatiques et ésotériques que je ne peux nommer ; des amis très chers ; des prélats qui m'ont écouté patiemment, ceux qui m'ont cru autant que ceux qui ne m'ont pas cru, car tous m'ont rendu service.

J'ai voulu parcourir après lui le chemin initiatique emprunté par Angelo Roncalli. Entre le moment où j'ai eu pour la première fois entre les mains les textes des prophéties et aujourd'hui, il m'a fallu des années, pour contrôler leur réalité. Certaines confirmations ne laissent plus aucun doute. Hélas ! je le répète encore mais c'est nécessaire, je dois, je devrai taire bien des choses. Surtout celles qui me touchent ou qui concernent des personnes qui m'ont fait confiance et méritent que je respecte le silence.

Si, au fil de mon récit, je bouscule un peu les pièces, si je néglige certaines choses — et les adeptes s'en apercevront bien vite — si je mets en scène des expériences personnelles ou des personnages facilement identifiables, j'ai pour cela de sérieux motifs. Mais, en même temps, il n'est pas question de fausser la vérité. Mon travail sera celui d'un chroniqueur. Je serai intransigeant avec une matière qui se prête trop aux confusions, aux spéculations. Tout ce que je dirai sera exact, comme l'est, dans sa *réalité*, la soi-disant *légende* de Christian Rosenkreutz. Les clefs et les symboles ne sont pas, pour l'instant, le centre d'intérêt du lecteur.

Quant au texte même des prophéties, le simple fait que j'aie attendu dix ans avant de les publier peut témoigner du soin que j'ai apporté à leur étude, à leur examen, à leur mise à l'épreuve. Jamais elles n'ont failli.

Peut-être, à les lire, comprendra-t-on mon engagement à l'égard d'un matériau si délicat. Elles ont fait, l'une après l'autre, l'objet de tous mes soins. D'un côté, j'ai groupé celles qui, avant même que je les aie eues entre les mains, s'étaient déjà vérifiées. Pour celles-ci, et bien que presque tout soit clarifié, certaines allusions restent encore indéchiffrables. Peut-être quelque autre spécialiste y verra-t-il, plus tard, de nouvelles allusions, ou les expliquera différemment. Je ne souhaite que cela. La clarté des prophéties nécessite une recherche patiente, tenace, mais très vite on arrive à une concrétisation. Le caractère sibyllin des prophéties d'Angelo Roncalli n'est qu'un phénomène marginal.

J'ai ensuite examiné les autres textes, ceux qui sont orientés vers le futur. J'ai tenté de leur apporter une explication en m'appuyant sur un procédé fort simple : faire le lien entre la parole et l'acte, chaque fois qu'une prophétie s'est trouvée réalisée concrètement. Et tout au long de mes années d'études, il y en a plusieurs qui se sont vérifiées.

Le reste, donc, appartient à l'avenir. Lorsqu'elles seront rendues publiques, l'authenticité de ces prophéties se révélera justement dans leur vérification ponctuelle et inexorable.

Mais, avant de les publier, je veux expliquer ce que le vieil homme m'a confié cette nuit-là. Il me faut aussi expliquer le cheminement initiatique d'Angelo Roncalli, conter ses expériences, les rattacher à un concret compréhensible en le dépouillant au maximum de tout ce qui pourrait l'obscurcir. Donner la lumière et le sourire à son visage jusqu'alors caché.

Ce que m'a dit mon visiteur

*Personne n'allume une lampe pour la
mettre en quelque endroit caché ou sous
le boisseau, mais bien sur le lampadaire,
afin que ceux qui entrent voient la clarté.*

(Saint Luc, 11, 33)

Enfoncé dans son fauteuil, le vieil homme tenait sur
ses genoux une grosse serviette qu'il caressait lentement.
Son visage maigre, sa peau foncée lui donnaient un air
indéfinissable.

— Votre livre sur le comte de Cagliostro [1] me plaît et
il plaît aussi à mes amis, dit-il.

Sans me laisser le temps de le remercier, il poursuivit :

— Il contient beaucoup de vérités. Si certaines
manquent, c'est parce que vous les ignorez. A leur place,
on trouve une bonne foi évidente. Et beaucoup de
courage. D'ailleurs — et vous l'avez rappelé dans votre
ouvrage — Cagliostro lui-même a dit : «Jamais
on ne connaîtra la vérité sur moi, car personne ne la
connaît.»

— Je crois pourtant que quelqu'un détient cette vérité.

— Peut-être.

---

1. Dans ce livre, Pier Carpi récuse les thèses faisant de
Cagliostro un escroc et rétablit sa figure de grand initié (N.D.E.).

33

Il sourit, regarda sa serviette, cessa de la caresser et poursuivit :

— Il y a aussi quelques erreurs dans votre livre. La rencontre entre le comte de Cagliôstro et le comte de Saint-Germain, par exemple, ou les relations qu'ils entretinrent.

Je levai les bras :

— Je me suis trouvé devant plusieurs légendes. Il me faut confesser que je ne connais pas à fond le personnage mythique du comte de Saint-Germain. J'ai lu qu'il avait été l'un des maîtres de Cagliostro, mais j'ai lu aussi le contraire. J'ai rapporté la légende selon laquelle l'immortel comte de Saint-Germain serait revenu à Paris pendant la Révolution et aurait déclaré : « Je suis venu voir comment s'est accomplie l'œuvre de mon disciple, Cagliostro. »

» Personnellement, je n'y crois pas. Je ne crois pas en effet à une explication centrée sur la malédiction des Templiers — celle du dernier Grand Maître, Jacques de Molay — clef purement historique selon laquelle la malédiction des Templiers s'accomplit dans la décapitation de Louis XVI. Nulle part je n'ai trouvé de lien entre la Révolution et la tradition du Temple ou des Rose+Croix. Il me semble même déceler de nombreux éléments qui trahiraient l'action d'une contre-initiation.

Le vieil homme acquiesça avec lenteur. Il recommença à caresser la serviette bleu azur dont, tôt ou tard, j'allais connaître le contenu. Contenait-elle quelque document inédit sur Cagliostro, quelque chose qui me permettrait, plus tard, de trouver une explication à la parabole du *maître inconnu* ? Je repris mon exposé, expliquant mes thèses :

— Cagliostro n'est pas venu pour détruire mais, au contraire, pour unir. Si lui-même a pris soin de le dire et de l'écrire, il l'a surtout démontré par l'exemple. Et il semble incroyable qu'une tradition comme celle du Temple se soit limitée à une vengeance temporelle. Il est vrai que Philippe le Bel, Clément V et Nogaret sont morts comme le prédisait Jacques de Molay quand il les maudit sur le bûcher. Il est vrai que, selon les termes de cette malédiction, le dernier descendant de Philippe le Bel fut détenu au Temple et guillotiné — le docteur Guillotin, initié aux rites des Templiers, n'avait-il pas proposé (et non inventé, comme on le croit à tort) cette arme ? Jacques de Molay dit textuellement : «Je meurs innocent mais j'appelle, devant le tribunal de Dieu et dans l'année qui vient, l'empereur et le pape. Et le dernier descendant de Philippe le Bel mourra des mains d'un Templier, dans ce lieu.»

» Il est non moins exact que le même Cagliostro releva le défi de Marie-Antoinette — qui voulait connaître son destin — en lui montrant, dans un miroir noir, comment elle serait décapitée. Il prédit aussi la fin du règne des Capétiens, l'avènement de Napoléon, la mort du duc de Normandie et celle de Pie VI, en exil.

» Mais je ne vois dans ces faits qu'une réalité dépassant les contingences historiques, encore que, bien souvent, les maîtres aient eu une réelle influence sur l'Histoire par leurs prophéties ou leur action. Cagliostro usa des unes et de l'autre de façon terrible. Mais il ne connaissait pas la haine et se disait désolé que ses ennemis aient tous une fin violente. S'il l'avait pu, il les aurait sauvés. En tout cas, il leur pardonna.

» Croire que, au cours de la Révolution française, les traditions secrètes faisaient un seul bloc me semble absurde. La faction est synonyme de sectarisme, donc à l'opposé de la pratique ésotérique pure. D'ailleurs, l'autre grand initié, le comte de Saint-Germain, n'a-t-il pas été partisan de la couronne, n'a-t-il pas tenté, plus d'une fois, de sauver la reine — en vain, puisque ses conseils n'ont jamais été suivis ?

Le vieillard m'écoutait en silence.

— Je suis d'accord, dit-il, mais il ne s'agit pas de cela. Dans votre livre, vous faites allusion à la rencontre entre Saint-Germain et Cagliostro.

Cette fois, c'est moi qui souris.

— Ce passage est purement fantastique. Il me plaît, autant pour la poésie absurde des dialogues que pour les réflexions du *comte immortel*, pleines de cynisme et bourrées d'ironie. Je me rends compte que la description du palais et tout le reste ne sont que pure fantaisie, sans le moindre lien avec une expression symbolique. J'ai expliqué pourquoi je publiais cet entretien, que je crois seulement fantastique.

— Pas seulement. D'ailleurs, comme vous le savez, cette rencontre a réellement eu lieu. Un autre grand initié, Louis-Claude de Saint-Martin, était présent.

Je restai silencieux. Le vieux me fixait toujours.

— Vous l'ignoriez ?

— J'en avais entendu parler, certaines études y font allusion. Mais ce n'est qu'une hypothèse jamais démontrée.

— C'est une réalité. Trois grands Rose+Croix, les trois maîtres de leur temps, se rencontrent et décident un certain nombre de choses. Le personnage de Cagliostro vous est presque parfaitement connu. Vous savez beaucoup moins de choses sur Saint-Germain. Quant à Louis-Claude de Saint-Martin, vous semblez en savoir assez. Vous avez reconnu le symbole des trois rubans de couleur autour du bouquet que j'ai déposé dans la cellule de Cagliostro, à Saint-Léon...

» Saint-Germain était un grand Rose+Croix. Il était arrivé à la connaissance absolue. Nouveau père de l'alchimie, il avait compris le secret des arts antiques, de

36

la musique à la peinture en passant par la sculpture, ces expressions de civilisations perdues qui fascinent tout le monde. Un *autre* travaillait en lui. Puis il devint seul maître de ses connaissances. Esprit de son temps, cet homme qui approcha les plus grands, qui voyagea partout selon la pratique rosicrucienne, se tenait à l'écart des sociétés initiatiques. Il établit des relations avec les maîtres et les disciples. Longtemps il se révéla dans le monde et quand il disparut — si toutefois il disparut un jour — son œuvre était entièrement accomplie.

» Louis-Claude de Saint-Martin, au contraire, fut l'idéologue de son temps, un artisan. Il pénétra dans tous les cénacles initiatiques, accéda aux plus hautes dignités des sociétés ésotériques. Puis il se retira du monde, se replia sur lui-même pour y trouver son identité. Il poussa ses recherches jusqu'aux sources de la connaissance et fonda le martinisme — qui doit beaucoup à la pensée de Martinez de Pasqually, fondateur du martinézisme. Comme vous le savez, Rose+Croix, martinistes, disciples de Cagliostro ne sont pas astreints à se réunir dans leurs temples. Contrairement aux sociétés d'initiation les plus connues, les plus répandues aussi, ils ont gardé ce côté impénétrable, traditionnel ; ils suivent toujours le même chemin, sans jamais le moindre compromis. La maçonnerie et les autres rites plus connus se transmettent quelque chose de très important. Lorsqu'un profane est initié, il reçoit non pas le savoir, la *lumière*, mais la possibilité d'y accéder : à lui, ensuite, par un travail à l'intérieur d'une loge, par l'interprétation des symboles, avec l'aide des maîtres et de ses autres frères, de progresser jusqu'à la connaissance.

» Il n'en va pas de même pour les Rose+Croix, les martinistes, les frères de Cagliostro qui sont, au fond, une seule même chose. Un profane est choisi sur un seul critère : le désir. Il n'y a donc pas d'erreur possible — il doit être prêt pour la connaissance. Il reçoit l'initiation, c'est-à-dire la lumière. En même temps, il acquiert des pouvoirs magiques, miraculeux, qu'il est capable de mettre en pratique aussitôt. Il lui appartient alors d'approfondir ses pouvoirs jusqu'à devenir lui-même un maître.

» Ce que je dis là est fondamental. Habituellement, dans les sociétés initiatiques les plus connues, la communauté accepte plus ou moins le profane. Par un travail rituel, le groupe procède à l'initiation. Par contre, dans les ordres que j'ai cités, les Inconnus, les Supérieurs, restent libres, seuls. Grâce à une chaîne jamais interrompue, ils possèdent le pouvoir initiatique transmis par les maîtres du passé. Ils sont libres, ensuite, d'initier qui bon leur semblera, et quand ils le voudront. Le Supérieur Inconnu est d'ailleurs seul avec le futur initié lors de la cérémonie de passation du savoir.

Le vieil homme s'interrompit. Je le vis ouvrir, enfin, la serviette remplie de documents pleins de promesses.

— Pardonnez-moi si je me suis attardé sur des choses que vous saviez déjà, mais il est bon que nous nous comprenions parfaitement avant de poursuivre. J'ai à vous dire des choses bien complexes, cette nuit.

Il prit un premier document. Une feuille jaune, épaisse, couverte d'une fine écriture. Il la garda en main et me fixa.

— Vous savez que *nous* avons confiance en vous. Autrement, je ne serais pas là. Cette nuit, vous allez apprendre beaucoup de choses. Pas plus qu'il n'en faut, mais beaucoup quand même. Vous en serez parfois stupéfait, parfois vous n'y croirez pas. C'est pourquoi, aussi souvent qu'il le faudra, j'apporterai une documentation pour attester mes dires. Vous devrez être convaincu par les derniers que je vous confierai. Vous pouvez recopier tous les documents que je vous soumets. Je resterai à vos côtés car je dois les reprendre tous. Il ne m'est pas permis de vous les laisser. C'est déjà un grand pas que vous puissiez les voir, mais vous devez savoir qu'ils existent, qu'ils sont une réalité.

Ses mains avaient de la peine à tenir le lourd carton jaune.

— Les trois maîtres se rencontrèrent à Paris, dans le laboratoire d'alchimie de Cagliostro. Ils rédigèrent le document que voici.

Je le pris. Il était écrit en français.

— Ils le firent pour consigner un concept initiatique qui risquait de se perdre : celui fondé sur la liberté de l'homme. Il était important que vous le sachiez, sinon nous n'aurions pu poursuivre.

Sous son regard attentif, je recopiai le manuscrit. Je vous le livre, sans la mòindre omission.

La table des trois maîtres

Mais ils ne comprenaient pas cette parole : elle leur demeurait voilée pour qu'ils n'en saisissent pas le sens, et ils craignaient de l'interroger sur cette parole.

(Saint Luc, 9, 45)

POUR CELUI QU'ON NE DOIT PAS NOMMER.

Paix. Paix dans le triangle dans la pyramide, dans les trois points que nous avons connus, reconnus, révélés.

La paix des flammes des maîtres du passé dans les trois couleurs sacrées.

Nous nous reconnaissons dans le rouge du sacrifice qui cimente le mariage du blanc et du noir, que personne ne saura jamais séparer jusqu'à la fin des temps cachés dans les temps. Les ailes du pélican sont ouvertes. La poitrine est déchirée, par nos maîtres à nous, aux disciples.

A ceux que nous appellerons maîtres.

Aux frères.

Aujourd'hui la rose fleurit sur la croix.

H.M.T.

Libres les frères, libres les maîtres dans le dessein qui

se poursuit. Libres dans l'épée, dans le masque, dans la main.

Quand il fut demandé détruisez, ce fut gardé. Mais les enfants de la descendance de l'aigle et du serpent, de la flèche et du serpent sauront se reconnaître hors des prisons.

Aujourd'hui ils sortent et se retrouvent sur la route avec la chair vive des maîtres du passé. Et unis ils sont la lumière.

Le Temple a été détruit parce qu'il est immortel. Il n'avait pas de toit, aujourd'hui il n'a plus de murs. Il est comme une table solaire.

Partout est le Temple et nos pas seront toujours plus légers.

Choisissez l'heure et le nom. Choisissez l'homme. Et imposez par la force que vous possédez. Connaissez le geste et le mot. Soyez libres comme le furent les maîtres.

Et seulement sur le silence construisez la parole.

Cherchez-la en vous. Qu'elle soit toujours la même que l'opération du soleil. Dans le grand Temple ressuscité renaît le Temple dès que vous vous rencontrez. Ne brisez jamais la chaîne. Nous en sommes témoins.

H.M.T.

Dépensez-vous et vous vous enrichirez.

Laissez de larges traces sur votre chemin, toujours du sud au nord comme le veut le vent. Ne vous retournez pas.

Et ce sont les quatre parties du monde.

La première lumière.

La chaîne de lumière.

La lumière dans la main.

La première lumière que vous donnerez.

Soyez libres en le faisant. Ecoutez l'appel de qui le désire. Soyez libres de choisir. Et mettez le feu à vos serments pour votre liberté d'être.

H.M.T.

Cherchez les sépulcres. Nos maîtres n'en eurent pas, nous n'en aurons pas, vous n'en aurez pas. Ils vivent, cherchez-les.

Pour celui qu'on ne doit pas nommer.

.

(signatures autographes)

LOUIS-CLAUDE DE SAINT-MARTIN S.I.I. (...)
COMTE DE SAINT-GERMAIN R+C
COMTE DE CAGLIOSTRO G.C.

Le secret de Johannes

*Alors on me dit : « Il te faut de nouveau
prophétiser contre une foule de peuples,
de nations, de langues et de rois. »*

(L'Apocalypse, 10,11)

Le vieux reprit le document, le remit dans la serviette bleu azur :

— Je ne dois rien ajouter à cela. Vous aurez compris l'importance de cette *table fondamentale*. Elle constitue une véritable remise en état de la tradition ésotérique authentique qui permet aux initiés d'être des *initiateurs libres*. De choisir leurs disciples, de former la chaîne — donc la descendance.

— Je connaissais la tradition mais j'ignorais tout de ce document et de la réalité de la rencontre entre les trois maîtres à Paris.

Le vieil homme déposa sa serviette, se leva et se dirigea vers la fenêtre. Il écarta les rideaux blancs qui cachaient la nuit, comme s'il cherchait quelqu'un ou quelque chose dans l'obscurité. Il se retourna, resta debout et me regarda.

— Le soir où je vous ai rencontré à Saint-Léon, je vous ai parlé des livres de « T » et de « M ».

— Vous m'avez dit que, comme mon autre ami, vous les aviez lus en songe.

— Si on peut appeler cela un *songe*. Nous devons,

45

hélas! user de termes profanes qui trahissent le contenu de notre pensée. Pourtant, je le sens, nous nous comprenons. Si je suis ici, c'est parce que j'ai autre chose à vous montrer, quelque chose qui doit être divulgué, qui doit être rendu public. Mais, avant de vous les démontrer, je dois vous raconter les faits.

Il retourna s'asseoir, reprit sa serviette qu'il serra encore plus étroitement contre lui. Il me fixa intensément :

— Je dois vous parler d'un homme que tout le monde connaît. Angelo Roncalli.

— Jean XXIII ?

Il hésita un instant, les yeux mi-clos :

— Jean, murmura-t-il.

1935. La vie n'est pas simple pour Angelo Roncalli, archevêque de Mesembria, délégué apostolique en Turquie. Comme tous les autres religieux, il doit, à cause des persécutions, revêtir un habit civil. Sous surveillance constante, il lui est difficile de bouger : les espions sont partout. Pourtant, tous ceux qui l'approchèrent à ce moment-là lui trouvèrent un air d'une grande sérénité, qui n'était pas seulement cette joie qu'il savait si bien transmettre aux autres, surtout dans les moments difficiles.

C'est justement en ce temps-là qu'a lieu son premier contact avec le *monde inconnu.*

Ce soir-là, Angelo Roncalli se retira en toute hâte dans ses appartements, comme s'il avait un rendez-vous. Il s'allongea sur son lit après s'être dévêtu sans l'aide de personne — il l'avait toujours fait et devait continuer à le faire, même quand il devint pape.

Avant d'éteindre la lumière, il regarda les images sur les murs, images des siens, de la grande famille. Il ferma les yeux et, tout en continuant sa prière, fit défiler dans son esprit tous les visages rencontrés ce jour-là, surtout ceux des personnes les plus humbles. Que pouvait-il en attendre ? Encore des visages, des sourires, des yeux tristes. Puis le sommeil l'envahit. Mais il ne saurait jamais si c'était vraiment le sommeil. Il avait rendez-vous avec le vieil homme du sommeil.

Six nuits de suite, il l'avait vu. C'était la septième. La plus importante et peut-être la dernière.

Il apparut. Vieux, les cheveux très blancs, le visage maigre, la peau sombre, des yeux doux et perçants.

— Sauras-tu me reconnaître ? demanda-t-il.

— Toujours, maître.

Alors, tout à coup apparurent dans ses mains les livres sacrés de « T » et de « M ». Il les feuilletait. Inscrits sur le papier, la connaissance, les mots de la connaissance, dans une langue qu'Angelo n'avait jamais sue, jamais lue auparavant. Mais dès son premier rendez-vous avec le vieil homme, dans un songe qui peut-être n'était pas un songe, Angelo avait su la déchiffrer.

Il lut et tout devint simple. Dieu, que tout était simple, que tout était clair ! Si les autres hommes avaient pu savoir, le monde aurait été bien différent. Mais Angelo se rendait compte qu'il n'était pas donné à tous de savoir. Parce que ces choses pouvaient être dangereuses. Seuls quelques-uns pouvaient leur donner un sens juste, les utiliser pour le bien de tous. Dans des mains malveillantes, elles pouvaient devenir des armes terribles contre l'homme.

Les deux livres se refermèrent. Une lumière intense éclaira leurs couvertures où s'inscrivaient les deux lettres d'argent en relief. Une lumière comme celle qu'Angelo sentait en lui. Impalpable, intransmissible par les pauvres instruments dont l'homme dispose ; pendant des millénaires, n'a-t-il pas renoncé aux forces, aux pouvoirs, aux connaissances pour les remplacer de façon aussi difficile qu'inutile ?

— Maintenant, tu es prêt, dit le vieillard. Et tu es sur la voie. Je suis venu parce que tu m'as appelé. Maintenant tu sais. Mais tu as encore beaucoup de choses à apprendre, à voir, à vivre. C'est pourquoi nous nous reverrons.

— Je t'attends, maître.

Le vieil homme sourit.

— Sauras-tu me reconnaître ?

Il répéta trois fois la même question. Trois fois, Angelo fit la même réponse. Puis il se réveilla. Il était seul dans sa chambre. Il se leva du lit, s'approcha de la table, prit des feuilles de papier et un crayon. Il tenta d'écrire ce qu'il avait lu dans les livres de la connaissance. Mais sa main demeura inerte, son esprit vide.

Ce n'était pas possible. Les mots n'existaient pas. Pourtant, il avait en lui quelque chose que personne, jamais, ne pourrait effacer. Cette lumière qui avait fait de lui un autre homme. Il savait que le rêve ne se reproduirait plus. Que le vieux reviendrait, mais dans la *réalité*. Qu'est-ce qui l'attendait encore ? Il n'avait pas peur car il savait qu'il était sur la bonne voie, celle du Bien. Il posa le crayon et réfléchit.

Il pensa aux saints, aux mystiques, aux hommes de foi, d'église, hommes de la vérité et de la paix. Il se plut à se remémorer saint Jean Évangéliste, saint Antoine, saint Albert le Grand, sainte Thérèse, saint François. Il se leva, s'arrêta devant le crucifix, s'agenouilla et pria longtemps la Vierge Marie.

Elle aussi avait eu une apparition.

Ne fut-ce pas dans un rêve que s'accomplit son destin, quand quelqu'un apparut au paisible Joseph endormi pour lui expliquer, avec des mots tout simples, le plus grand des mystères de la foi, de l'humanité tout entière ?

Il se sentit heureux.

Et pour la première fois, cette nuit-là, il sut que quelqu'un priait pour lui, en grand secret.

Le vieil homme avait terminé son récit. Je le regardai :
— Ils se rencontrèrent ? demandai-je.
Il acquiesça.

Sept jours après, très exactement. Angelo Roncalli célébrait les sacrements dans son humble maison, devant une communauté plus humble encore. Alors que les autres rejoignaient leur travail avant le déjeuner, Angelo descendit. Dans l'entrée, assis sur une chaise, se tenait le vieillard de son rêve. Personne ne l'avait entendu frapper ou sonner. Mais Angelo ne se demanda même pas comment il avait pu entrer. Il s'approcha de lui et l'embrassa, comme on embrasse un frère qui rentre après une longue absence. Il l'invita à sa table, mais l'autre secoua la tête en souriant :
— C'est à une tout autre table que nous devons nous asseoir, dit-il.
Angelo le regarda. Comme le vieil homme de son rêve le lui avait demandé, il l'avait tout de suite reconnu. Il l'écouta.
— Es-tu prêt ?
— Je ne sais.
— Alors, tu l'es. Laisse tout et suis-moi.
Il le suivit, sans prévenir personne. Longtemps, ils marchèrent à travers la ville déserte. Le vieux s'arrêta sur une petite place étroite, aux maisons basses. Lui qui, jusque-là, avait guidé Angelo, se retourna et dit :
— Puisque tu es prêt, puisque tu seras bientôt mon égal, puisque le chemin que nous emprunterons sera le même, tu le connais donc aussi. A toi, maintenant, de me conduire.
Angelo hésita, regarda autour de lui. L'homme l'encouragea :
— En route.

49

Il avança, choisit sans hésiter une ruelle, s'y engagea. Derrière lui, il entendait les pas du vieux. Il s'arrêta devant une porte de bois brut. Il marqua un temps.

— Est-ce là ? demanda-t-il.

L'autre souriait.

— Pousse la porte, elle n'est qu'à moitié fermée. Monte. Entre où tu sais. Et attends-moi.

Angelo se laissa conduire par la voix qu'il sentait en lui. Il monta deux petits escaliers dans une obscurité quasi totale, se trouva devant une nouvelle porte, encore plus petite et plus basse que l'autre, la poussa. Elle était entrebâillée et il le savait. Il entra.

La pièce était vaste et pentagonale. Les murs, nus. Les deux grandes fenêtres, fermées. Au beau milieu de la pièce, une grande table en cèdre, pentagonale elle aussi. Trois chaises, adossées à trois des murs. Sur les chaises, une tunique de lin, des ceintures de couleur et des enveloppes cachetées de rouge. Sur la table, une bible ouverte au début de l'évangile de saint Jean. Une épée flamboyante à poignée d'argent ; un encensoir ; des rubans d'étoffes de couleur ; deux candélabres de bronze à trois branches, portant trois bougies rouges chacun. Puis le symbole magique et ésotérique de l'ordre auquel Angelo allait, sous peu, être initié. Sous le symbole, trois roses croisées, en tissu. Une blanche, une rouge, une noire.

Le seul éclairage, faible, venait des trois bougies allumées sur l'un des deux candélabres. Les autres étaient éteintes. Angelo resta debout devant la table. Il regarda ces objets qui, depuis qu'il avait lu les livres sacrés dans son rêve, signifiaient beaucoup de choses pour lui. Il osa à peine les effleurer. Il entreprit la lecture des premiers chapitres de l'évangile de saint Jean, qui l'avait toujours fasciné ; il en avait d'ailleurs pénétré les clefs les plus secrètes.

Il s'en détacha en entendant des pas légers derrière lui. C'était le maître. Son sourire. Il était entré depuis peu dans la chambre, derrière lui la porte était fermée. Il portait une tunique de lin — l'étoffe protectrice de toute cérémonie initiatique — longue jusqu'aux pieds. A son cou, le symbole magique de l'ordre, en argent, pendait au bout d'une chaîne aux nœuds templiers. Les mains gantées de blanc, la tête nue, il s'approcha, sans cesser de sourire, posa une main sur l'épaule droite d'Angelo :

— Agenouille-toi, sur le genou droit seulement.

Angelo obéit et la cérémonie commença.

Le maître donna la signification de chaque objet, expliqua leur symbolisme. Il prit une des enveloppes scellées, l'ouvrit et en lut le contenu. Sur une feuille de papier bleu, les règles antiques de l'ordre. Il ouvrit une autre enveloppe, tendit une feuille à Angelo qui lut ce qui y était écrit : sept questions.

— Te sens-tu capable d'y répondre ? lui demanda le maître.

Angelo répondit par l'affirmative et lui rendit le papier. Le maître alluma alors, à l'aide d'une bougie, les bougies du second candélabre.

— Ces lumières sont pour les maîtres du passé qui sont parmi nous.

Il mit de l'encens dans l'encensoir, purifia la pièce par ses quatre angles : il tourna trois fois l'encensoir et, à chaque tour, l'agita trois fois. Il revint vers la table, posa ses mains sur la tête du profane et se mit à parler.

Il lui dit les mystères de l'ordre.

Il posa les questions.

Il reçut les réponses.

A la fin, le vieux maître se pencha sur lui.

— Comme tu le sais, nous nous appelons entre nous par le nom que nous avons choisi. Chacun signe ainsi sa liberté, son programme de travail, le nouvel anneau de la chaîne. Quel sera ton nom ?

Le profane n'hésita pas :

— Johannes.

— Johannes, répéta le maître.

Et il entreprit le rituel, particulier et complexe, de la cérémonie d'initiation.

Pour finir, il posa son épée sur la tête du néophyte. A ce moment-là, quelque chose de nouveau, d'insaisissable se produisit en Johannes, qui explosa en lui. Il en resta tout étourdi, confondu. Au summum de la sérénité, du bonheur.

— Ce que tu éprouves en ce moment, frère Johannes, bien d'autres l'ont éprouvé avant toi : moi-même, les maîtres du passé, les autres frères à travers le monde. Cette chose-là, appelle-la lumière, mais elle n'a pas de nom.

Le maître aida le disciple à se relever, le baisa sept fois et échangea avec lui le salut fraternel. Puis il lui enseigna les paroles secrètes, les signes de reconnaissance, les attouchements, le rituel des travaux de groupe. De vive voix, selon la tradition.

Il lui enseigna ensuite les rites quotidiens à accomplir à trois moments très précis de la journée — qui correspondent aux trois points de l'opération du soleil — et dans le plus grand secret. Une phrase grecque et des gestes à répéter.

— A ces trois moments très précisément, expliqua le maître, nos frères du monde entier font les mêmes gestes, disent la même phrase. Leur force est grande, elle vient de loin et s'en va très loin. Jour après jour, elle agit sur l'humanité.

Enfin, le maître prit la dernière enveloppe, l'ouvrit et en lut le contenu à Johannes. Sur une feuille, toujours, s'inscrivait la formule du serment : serment de ne pas révéler les secrets de l'ordre, de suivre la tradition, d'agir toujours pour le bien, d'être toujours fort, de secourir les frères et les malheureux, de respecter surtout la loi de Dieu et de ses ministres.

Johannes signa au bas de la formule, sans hésiter. Il était animé d'une grande force. Auprès de sa signature, il inscrivit le numéro et le sigle que le maître lui indiqua. Ces deux éléments codifiaient son initiation et son grade.

Le maître reprit la feuille, la plia sept fois et pria le disciple de l'enfiler sur la pointe de l'épée flamboyante. Ce qui fut fait. Le maître approcha l'épée du candélabre où brûlaient les bougies des maîtres du passé ; le feu lécha le papier. En quelques secondes, le serment fut réduit en cendres que le maître dispersa.

— Tu as juré, Johannes, mais sache que la liberté des frères est de loin supérieure à tous les serments. Aujourd'hui, tu sais vraiment ce qu'est la liberté.

Il le baisa encore.

Johannes se mit à pleurer.

La chaîne du temple

Parmi les hommes de culture, ceux qui atteignent une force transcendante aux Fontaines du christianisme deviennent des créateurs et « peuvent parcourir le futur dans un grand bond ». Ce sont des hommes dont la culture, tout existentialiste, n'a plus d'époque. Et s'il fallait lui en donner une, ce serait surtout la « culture du futur ». Je propose donc que l'on considère Angelo Roncalli comme un homme qui possède une culture en ce sens.

(Cardinal Giacomo Lercaro)

Le vieux rouvrit la serviette bleu azur.

— Ainsi fut initié le frère Johannes, Jean. Le nom qu'il devait choisir de porter en devenant le pape de l'Église apostolique romaine.

Je m'étais tu. Je voulais encore me taire. Ce récit était ahurissant. Aucun détail de l'initiation n'était caché. Le vieux avait parlé de choses précises, d'un rituel que peu de gens connaissent. Et ceux qui le connaissent n'en parlent pas volontiers. Moi-même, je l'ai abrégé, je n'en ai pas décrit toutes les phases — surtout la phase centrale qui doit demeurer très secrète. Celui qui a connaissance d'un tel rituel n'est pas homme à raconter des histoires, à spéculer sur son caractère magique ou sensationnel. Je devais écouter encore.

Pendant des années, j'ai rencontré des gens qui touchaient au monde de l'occulte. Parfois de grands hommes, parfois des personnages horribles. Pour les comprendre et pour les repérer, j'ai des méthodes très précises. Je m'attache avant tout à leur lumière. Les vrais initiés ont, sur le visage, une lumière particulière très caractéristique. Par contre, et même s'ils sont exposés à la violente clarté du soleil, les mystificateurs portent une ombre sur le visage.

D'autre part, c'est en les laissant parler d'ésotérisme que je réussis à distinguer le véritable initié du maniaque, du hâbleur. Ce dernier se trahit toujours en parlant de choses qu'il ignore et s'emporte dans son exposé. Tôt ou tard, pour étourdir l'autre, le vantard sort une énorme sottise dont il ne se rend même pas compte la plupart du temps.

Il me semble que le silence est la meilleure des attitudes lorsqu'on a encore beaucoup de choses à apprendre, à comprendre, à éclaircir. Ne laisser paraître ni sa fascination ni son étonnement, quelle que soit la révélation, quelle que soit l'importance de la chose que dit votre interlocuteur. Devant l'impassibilité, le hâbleur, lui, ne sait résister. Il a besoin d'étonner, et d'être questionné. Et il parle, il parle, il en rajoute. Jusqu'au moment où il prononce une balourdise qui fait s'écrouler la mosaïque.

J'avais donc choisi de rester sur une position sceptique tout au long de l'exposé. Impassible. Tout ce que j'avais entendu était loin d'être anodin. Pourtant, jamais mon interlocuteur ne s'était emporté, jamais, même, il ne s'était interrompu. Tout au long de son récit, il était resté calme, paisible, le sourire aux lèvres. On aurait dit qu'il expliquait sa leçon à un enfant, avec précaution. Je ne décelai rien, dans ses paroles, pas un détail, pas une nuance qui aurait pu tout remettre en question, et faire s'effondrer le grand édifice.

Mon silence, d'ailleurs, le laissait indifférent. De nous deux, j'étais sans doute le plus nerveux. Je le regardai prendre les documents dans sa serviette bleue. Malgré l'émotion qui m'étreignait, je réussis à me contrôler. Était-ce possible qu'il ait, là, un document plus important encore que celui portant les signatures autographes des trois grands maîtres et qu'il me permette une fois encore de le recopier ?

Le paquet était volumineux. Des feuilles bleues, toutes identiques, jaunies, très bien rangées. Liées par trois légers nœuds aux couleurs de l'ordre. Tout en les déliant, le vieil homme reprit :

— Johannes fut initié, rencontra à nouveau son maître et pratiqua ses exercices spirituels. Arriva enfin le jour où il put entrer au temple. Il était prêt à travailler avec les autres frères. Comme vous le savez, nous ne nous rencontrons pas souvent et, en tout cas, toujours pour une raison importante. Notre règle est l'initiation individuelle, ainsi que le souligne le document que je vous ai montré tout à l'heure.

— Il participa aux cérémonies dans un temple ? Où ?

— En Turquie, quelques semaines après avoir été initié. Son maître le prépara à la grande épreuve et l'introduisit.

— Mais dans quel but ?

— Je ne sais pas.

Il avait ôté les rubans, il tenait maintenant le paquet de feuilles bleues. Je souris.

— Je vois que vous ne voulez pas répondre, mais il est clair qu'un initié du premier degré ne peut en aucun cas pénétrer dans votre temple. A moins que les maîtres n'aient constaté en lui un trait particulier. A moins que, justement, il n'ait une importance très grande, pour défendre l'ordre par exemple...

— Je constate que vous en savez plus que je ne le pensais...

Cette fois, c'est moi qui ris franchement.

— Vous connaissez les limites de mon savoir, comment et pourquoi je sais telle ou telle chose. Hélas ! mon savoir est très limité et, surtout, je ne comprends pas ce que vous attendez de moi. Pourquoi êtes-vous venu me révéler des secrets qu'habituellement on tait soigneusement ?

— Si je ne me trompe, je vous ai déjà dit que je déciderais seul de ce qui est ou non indispensable. Ce que je puis affirmer, c'est que je n'ai pas dit un mot de trop. Certes, vous avez raison, je suis là pour une raison précise. Vous pouvez nous rendre service en devenant notre intermédiaire.

— Merci.

— Vous serez bien heureux de le devenir. Servir d'intermédiaire pour le Bien est toujours agréable. Vous êtes un spécialiste digne de foi. On vous croit lorsque vous abordez certains sujets. Vous, ils vous croiront.

— Mais que devront-ils croire ? Et qui ?

— Vous le saurez sous peu. D'ailleurs, quand bien même ils ne vous croiraient pas — ce qui pourra arriver pour certains — ils devront se rendre à l'évidence et croire à la vérité que je vais mettre entre vos mains.

» Je vous ai parlé de l'entrée de Johannes dans le temple. La cérémonie fut exemplaire, l'atmosphère proche de la perfection. Permettez-moi pourtant de ne pas en dire plus, ni sur le temple, ni sur la cérémonie.

— Comme vous voudrez. Cependant, j'aimerais en savoir un peu plus. Je pourrais ne pas vous croire...

Il secoua la tête en souriant :

— Vous devez croire celui qui se tait, non celui qui parle trop.

— Je connais cette phrase. Elle est inscrite dans vos temples.

— Vous vous trompez.

— Je peux vous en citer d'autres, si vous voulez. N'avez-vous pas, inscrits sur les murs de vos temples, les mots *Azoth, Tetragrammaton, 999* ?

Il ne répondit pas, se contentant de caresser le paquet de feuilles.

— Comme je vous l'ai dit, je ne peux rien ajouter, ni sur le temple ni sur le rituel. J'arriverai rapidement à la fin de la cérémonie, quand Johannes, monté au...

— ... septième degré sur l'escalier gauche qui flanque le trône, face à la croix rouge et noir, continuai-je, instinctivement. Est-ce juste ?

Il resta silencieux. Son sourire avait disparu. Il semblait hésiter à poursuivre, et m'étudiait du regard. De mon côté, je restais aussi muet. Nous nous regardions. Pour le moment, c'est moi qui souriais.

— J'en suis sûr, reprit-il après une pause. Oui, j'en suis certain, vous ne direz rien et, surtout, vous n'écrirez rien de plus que ce qui sera nécessaire. Je peux avoir confiance.

C'était un peu comme s'il avait pensé tout haut. Ce doute que j'avais réussi à semer en lui, il l'avait chassé, surmonté. Il avait craint pour le secret, pour les choses que je savais déjà et celles que je pouvais connaître encore. Parce que je suis aussi un écrivain et que je pouvais les écrire. Mais il me connaissait bien, il avait fait tous ses calculs. Moi-même, je ne doutais plus de lui. Cet homme était bien ce qu'il disait — ou laissait voir de son être. Tout ce qu'il m'avait raconté était vrai. Les documents qu'il m'avait montrés, ceux qu'il allait encore me montrer, étaient, sans le moindre doute, authentiques. Bien sûr, il me faudrait les vérifier encore, mais je savais déjà qu'ils se confirmeraient tous.

— A la fin de la cérémonie, Johannes prit la place qui lui revenait parmi les frères. Alors quelqu'un lui parla. Les frères resserrèrent la chaîne autour de lui, se pressèrent pour lui communiquer leur force. Et, d'une voix qui n'était pas la sienne, Johannes parla. Il parla jusqu'à la fin des travaux, tout au long des trois cérémonies qui eurent lieu en sa présence dans le temple. Tout ce qu'il dit fut retranscrit dans les procès-verbaux du temple, par le grand chancelier. Ces procès-verbaux, les voici. Pas tous, bien sûr, uniquement ceux que nous avons jugé utile de rendre publics. Lisez-les. Copiez-les. Faites-les connaître autour de vous, car il est temps que ces choses se sachent.

Je saisis les feuilles bleues. Écrites en français, c'étaient les paroles que Johannes avait prononcées, recueillies par le grand chancelier.

Ses prophéties.

Chaque feuille portait l'en-tête du temple, « Le Chevalier et la Rose ». Dessous, le résumé de ce qui avait été dit et approuvé lors de la précédente séance, le rituel exact de la cérémonie d'ouverture des travaux. Ensuite, la description du rituel de la chaîne de Johannes. Puis venaient ses prophéties. Enfin, la cérémonie de clôture des travaux. En plus de la signature du grand chancelier du temple, chaque procès-verbal portait celle des officiels.

— En manque-t-il beaucoup ? demandai-je.

— Oui. Car, comme je vous l'ai dit, il n'est pas possible de tout dire. Certains éléments, s'ils étaient mal compris, pourraient devenir dangereux. Nous avons décidé de nous limiter à ceux-là.

— Pourquoi ?

— Je vous l'ai déjà dit : parce qu'il est temps que ces textes soient divulgués.

— Pourquoi ? répétai-je.

Il hocha la tête.

— Permettez-moi de ne pas répondre à cette question.

Je m'installai devant l'écritoire et recopiai, l'une après l'autre, les prophéties de Johannes.

Je les présente aujourd'hui au lecteur, sans y avoir apporté la moindre modification.

Pour une méthode de lecture

Comme dans leur rédaction originale, passé et futur s'entremêlent dans les prophéties sans doute parce que le même sujet — comme, au début, l'Église catholique — est abordé dans son passé *et* dans son avenir. Il est presque toujours possible de faire la distinction entre ces deux temps. Rédigées en 1935, toutes les prophéties traitent de l'avenir. Leur authenticité est garantie par le fait qu'elles se sont vérifiées plus d'une fois.

J'ai intercalé des commentaires entre deux prophéties. Pour l'essentiel, celles du passé sont déchiffrables. Lorsque certains éléments restent encore obscurs, c'est qu'ils portent sur des faits purement initiatiques ignorés de nous, ou qu'ils concernent des événements que nous n'avons su retrouver. Peut-être quelque lecteur pourra-t-il nous éclairer ? Nous le remercions de nous faire connaître ses déductions.

J'ai commenté aussi les prophéties de l'avenir. L'ensemble de ces textes se limite à la troisième décennie du siècle prochain, en 2033.

Les prophéties

Et nous avons la certitude qu'un grand nombre des connaissances ésotériques que nous croyions perdues pour nos ordres initiatiques sont conservées jalousement et gérées avec soin dans deux institutions ésotériques séculaires, l'Église catholique et l'islam. Il est temps de prendre acte de tout ce qu'ont voulu nos maîtres.

(Extrait de la déclaration du frère Adhiran au VIe Congrès initiatique de Strasbourg)

Quant à l'Opus Dei, cette organisation qui allie la mystique à l'initiation, il n'est pas fortuit que son fondateur, Mgr Escrivá, un des hommes les plus illuminés de son temps, ait arrêté à 999 — et non à un autre nombre — les maximes de son œuvre « Camino », qui a porté des millions de consciences à un réveil spirituel. 999 est le plus grand nombre initiatique, celui du triomphe sur la Bête dans l'Apocalypse de Jean.

(Extrait de la déclaration du frère Manothes au VIe Congrès initiatique de Strasbourg)

Père hésitant après le Saint qui marche déjà vers les autels élevés, le Père de la Mère avance le bras et s'ouvrira au monde.

La Mère pour lui deviendra grande quand elle sera petite, elle sortira de l'étang en acceptant une courte chaîne. Elle aura des fleurs devant sa croix, une ombre rouge sur ses épaules courbées.

Ses enfants pleureront, mais à sa droite elle aura deux mains. Immobiles et riches du courage de dire, de commander, d'obéir. Sanctifiée sera sa main droite, elle lui donnera de l'encre pour condamner les idées en marche, les fleurs de lis à piétiner.

Mais la chaîne sera plus grande et la lutte plus grande mais d'un côté.

Les fils du Père et de la Mère seront protégés mais souffriront. Et des lumières seront allumées dans la nuit, dans l'étreinte de la place. Les chevaux arrivent, de boue.

Immobiles aux fontaines.

La référence à Pie XI et au Concordat est claire, ainsi qu'à ses tourments devant la guerre qui arrivait et contre laquelle il s'est battu de toutes ses forces. Le Père de la Mère est sans aucun doute le pape. La Mère signifie l'Église. «Après le Saint» est sans doute le précédent Pie, le dixième, qui fut en effet sanctifié. En devenant officiellement petite par l'exiguïté de son territoire,

67

l'Église devint grande, après le Concordat, parce qu'elle dépassa le concept de pouvoir temporel. La courte chaîne est peut-être la conséquence politique du Concordat, qu'on dut signer avec un État autoritaire. Je n'ai pas réussi à trouver d'explication pour les phrases «Elle aura des fleurs devant sa croix, une ombre rouge sur ses épaules courbées». On peut penser que, comparés au sacrifice et à l'effort du pape, ce furent des succès pour l'Église, ou «fleurs» dans le sens de conversions ou présence active des catholiques. Pour le reste, mystère. Je ne crois pas qu'il soit possible d'identifier l'ombre rouge au communisme. Peut-être s'agit-il d'une référence ésotérique.

«Ses enfants pleureront, mais à sa droite elle aura deux mains.» Peut-être y a-t-il là une référence aux guerres d'avant le second conflit mondial, guerres qui firent couler tant de sang et de larmes. La seconde main droite est sans aucun doute attribuée à Pie XII, qui devait rédiger les condamnations courageuses du nazisme dans les encycliques de Pie XI. «Mais la chaîne sera plus grande»: peut-être une allusion au concordat avec Berlin, peut-être est-ce l'accroissement des dangers pour l'Église et l'humanité. Je n'ai pas réussi à définir le «mais d'un côté» en relation avec la lutte qui sera plus grande. La suite du texte se rapporte aux souffrances des catholiques, fils du Père et de la Mère (du pape et de l'Église), mais aussi à l'Église qui tenta de les protéger. Je n'ai pu définir avec précision la prophétie suivante, alors que l'arrivée des chevaux de boue est liée aux envahisseurs, probablement les nazis, à Rome. La référence aux fontaines, avec les chevaux qui s'abreuvent place Saint-Pierre, on la trouve dans d'autres prophéties: même dans Nostradamus. Mais le fait de ne pas comprendre les lumières allumées dans la nuit et l'embrasement de la grande place, laisse des doutes sur la dernière partie de la prophétie. On peut quand même croire qu'il s'agit du nazisme.

Au milieu des nuages, les plus sombres, se lèvera la colombe choisie, le douzième Pie au profil de métal.

Seule paix dans la guerre, seule prière au milieu des cris, par les loups de la croix usurpée.

Sept fois il rencontrera le visiteur et il en verra le visage avant de mourir. Et sept fois il en portera la couronne rosée.

Dans le sang aussi les pauvres seront Christ et les stigmates saigneront dans la douleur, sang pour le sang. La Mère recueillera les troupeaux et ne saura pas défendre les autres bergeries, enfermées dans les enclos, dévorés par les loups de la croix usurpée.

Se méfier et combattre toujours celui qui se sert de la croix et n'est pas fils de la Mère ou du Père.

Combattre et attendre, car sur la fausse croix, l'usurpateur se crucifiera seul. Alors seulement viendra la paix.

La Mère aura du mal à rester vive mais elle vaincra les tentations, l'orgueil de la victoire sur terre. Le Père se battra, et rouge sera sa veste blanche, frère parmi les frères.

La Vierge Marie apparaîtra humble aux simples et ils n'y croiront pas. A la place des temples alors il y aura des tombes.

Lumière de Neva de l'Orient, mais la

69

lumière est toujours d'Occident. Au milieu de
la statue.

La prophétie est presque entièrement limpide. Elle
commence avec l'annonce de l'élection du nouveau pape,
qui porte tout simplement le nom qu'il choisira, Pie XII.
Son élection, on le sait, eut lieu dans un moment terrible,
ce qui peut justifier l'allusion aux nuages les plus
sombres. Le pape est défini comme «la colombe choisie,
au profil de métal». La première définition peut sembler
floue, ou alors on peut la comprendre comme un
jugement très positif sur Pie XII, semblable à celui de
tant d'autres prophéties comme, par exemple, celle de
S. Malachia. Le profil de métal peut signifier plusieurs
choses : la décision, la dureté, l'inflexibilité du pape
romain. Ou encore quelque chose qui m'échappe.

«Sept fois il rencontrera le visiteur.» A partir de là, j'ai
examiné plusieurs hypothèses, mais je crois que la plus
plausible est que Pie XII rencontra la figure du Christ —
cette hypothèse est d'ailleurs avancée dans certains
milieux. Sept fois, d'après la prophétie. On dit en fait que
Pie XII reçut la visite du Christ sur son lit de mort.
Les sept rencontres correspondent à sept moments
dramatiques pour le pape et pour l'Église : à cette
époque-là, il n'en manquait certes pas. La phrase
suivante, celle sur les stigmates, se rapporte sans doute
au père Pie de Pietrelcina et à son mystère : les stigmates,
en fait, selon la tradition, sont toujours liés à la douleur
du monde, au sang du monde, qu'un *imitateur* du Christ
prend sur lui en souffrant pour tous les autres.

«La Mère recueillera les troupeaux et ne saura pas
défendre les autres bergeries...» Il s'agit là des
populations religieuses. L'Église a tout fait pour réunir
les catholiques, mais elle n'a rien pu faire pour les autres

minorités religieuses, les juifs surtout, auxquels la phrase se réfère très nettement : leur internement, leur extermination. «La croix usurpée» est sûrement la croix gammée. Après l'avertissement concernant ceux qui seraient tentés de suivre une autre croix que la croix de l'Église (en dehors de l'Église, il n'y a pas de salut), voici la prophétie qui concerne Hitler : son suicide. Ce n'est qu'à sa mort, en fait, que le monde retrouva la paix.

Puis, une allusion très claire au courage que manifesta l'Église au cours de la guerre. Elle ne se plia jamais au vainqueur nazi-fasciste. Pie XII, en durcissant ses positions, arriva à protéger les persécutés. Et partout, en général, le clergé lutta contre les ennemis de l'humanité et n'accepta pas de compromis. L'Église repoussa l'orgueil de la victoire sur terre. L'engagement dans ce sens de Pie XII est, tout de suite après, clairement expliqué par sa présence dans le quartier San Lorenzo à Rome, après les bombardements. Ce fut à cette occasion que son habit fut taché de sang.

La Madone, qualifiée de «humble», fit une apparition. Elle aurait parlé et, n'ayant pas été entendue, «à la place des temples alors il y aura des tombes». En fait, en cette période historique, il y eut beaucoup d'apparitions de la Vierge. Parfois même, elles furent bruyantes. Mais aucune ne fut reconnue par l'Église ou, du moins, on ne connaît pas de message important laissé par Marie à la suite d'une de ses apparitions à cette époque-là. A moins qu'il ne soit question ici des apparitions de Fatima, au fameux mais non moins incertain troisième secret de Fatima, jamais révélé. La non-révélation du message de la Mère de Dieu n'a-t-elle pas empêché les hommes de se repentir, n'a-t-elle pas conduit à des malheurs qui auraient pu être évités ?

Cette prophétie se termine par une référence à la Russie, plus particulièrement à la Néva, un des fleuves de

Russie. On dit que la lumière n'est pas là-bas, elle vient seulement de l'Occident. Je n'arrive pas à comprendre le sens de «au milieu de la statue». Dans le contexte, ce peut être une condamnation du marxisme ou du socialisme. Mais je crois plutôt à un discours initiatique, pour conclure la prophétie. A moins qu'il n'y ait quelque référence à un événement. Par exemple, au pacte germano-soviétique pour l'invasion de la Pologne, qui mondialisa le conflit.

Le vicaire sera injustement accusé pour son silence, pour son encouragement à la prudence qui sauva le monde. Mais le monde voulut des fleurs de chair, des fleurs aux couleurs éclatantes, il ne regarda pas les fleurs des champs, discrètes et pures. Il ne les regardera même pas, dans leur splendeur, sinon à la fin de la fin.

Le mal avait trois têtes, la première tomba.

Vint la seconde et le Père la frappa avec le mot, plus fort que l'épée.

La troisième était dans le sein de la Mère depuis toujours, ennemie de la Mère et du Père.

Les lettres de Barcelone parleront un jour d'un silence chargé d'action et le douzième sera saint et plus saint que lui jamais on ne verra.

Ce jour sera celui de la mort du comte qui fut roi à Barcelone.

Les lis tomberont, rouges de sang. Mais les œillets ne seront pas immaculés. Tristes jours quand le fou sera saint. Erreur dans les siècles, secret.

Le Père de la Mère sera seul et aura des épines.

Le fils de la troisième tête s'en ira de Rome dans les brumes. Mais il reviendra diviser.

Les vrais saints sont jeunes, ils naissent à Milan.

Références aux accusations et aux calomnies contre Pie XII, il s'agit là de ses rapports avec le nazisme qui, en réalité, furent durs et inflexibles. C'est le nazisme qui est sans doute la première tête du mal, la première à tomber. Puis sont citées les deux autres têtes du mal. L'une peut être le communisme, étant donné qu'il est ici très clairement question de la condamnation de Pie XII. Mais ce peut être aussi quelque chose à l'intérieur de l'Église. Le texte de toute la prophétie est d'ordre ecclésial. Surtout au sujet de la troisième tête du mal, on peut y déceler une lutte interne, une quelconque action schismatique, peut-être même un personnage, comme il nous le dit après ; ce personnage devait cependant faire partie d'un complot, puisque ici on dit clairement «depuis toujours».

La prophétie suivante fait état d'une totale réhabilitation de Pie XII, à la suite de la découverte de quelques lettres à Barcelone, ou en provenance de cette ville — ou ayant un lien avec elle. «Ce jour sera celui de la mort du comte qui fut roi à Barcelone.» J'ai pensé à Umberto II, un roi qui prit en exil un titre de comte. Mais je n'ai trouvé nulle part de lien entre sa personne et Barcelone. Peut-être n'y a-t-il pas là d'allusion au lieu de sa mort ? A moins qu'il ne s'agisse d'une chose plus complexe : la mort d'un comte qui régna à Barcelone. Il faut exclure cette hypothèse pour le passé. Dans l'avenir, peut-il s'agir de quelqu'un qui régnera sur la cité ibérique ? Ou alors, faut-il comprendre cette prophétie dans son sens symbolique, les noms figurant des personnages réels, liés à cette ville mais qui nous échappent ? Pie XII, quand on aura retrouvé ces lettres, deviendra saint : «plus saint que lui jamais on ne verra», dit textuellement la prophétie. Ce fait est important, si l'on songe qu'il est annoncé par celui qui allait succéder audit pape et qui, dès l'abord, se considérait inférieur en grandeur et en sainteté.

Le reste de la prophétie est difficile à interpréter. On peut y trouver des références à des faits qui n'ont pas encore eu lieu, mais comme, aussitôt après, on parle encore de Pie XII, il faut y voir autre chose. Les lis font peut-être allusion à une dynastie monarchique tombée sous la violence. Mais, hélas ! ces événements sont légion. Même si je n'ai pas réussi à le déchiffrer, le passage concernant l'élection d'un fou comme saint me semble très intéressant. Le prophète considère que c'est une grande erreur qui doit rester cachée pendant des siècles. Il est possible que quelqu'un, élevé aux plus hauts honneurs ou jugé utile pour l'Église, ait en réalité abusé de ses pouvoirs pour faire le mal. Le pape le sait peut-être — et ce pourrait être l'une des explications de la phrase suivante, l'autre étant qu'elle introduit le dernier morceau de la prophétie. Le fils de la troisième tête est sans aucun doute un personnage à l'intérieur de l'Église, lié à la hiérarchie, probablement réputé. Il quitta Rome pour s'en aller dans les brumes, c'est-à-dire au Nord. Il peut s'agir de la rupture entre Pie XII et Mgr Montini, qui fut éloigné de la Curie et envoyé comme archevêque à Milan, sans avoir reçu la pourpre. Mais il peut tout aussi bien s'agir de quelques autres personnages. En tout cas, ce «fils de la troisième tête» reviendra et portera la division au cœur de l'Église. La liaison avec Milan est possible, grâce à l'ultime phrase de la prophétie, «les vrais saints sont jeunes, ils naissent à Milan». On peut penser à quelque mouvement de jeunesse catholique — ou peut-être même non catholique — surgi de la cité lombarde et destiné à être très important pour l'avenir de l'Église, un creuset de saints. Il est, hélas ! très difficile de contrôler les temps de la prophétie et toute la dernière partie reste en suspens, malgré mes suppositions.

La colombe n'appellera pas de nouveaux fils et l'Église en perdra, et des filles aussi. Les fils de Saint Joseph le besogneux ne pourront pas parler et ne seront pas compris. Il est trop tôt d'autres viendront et ils devront se taire.

Celui qui croit devra s'en aller et le Père de la Mère ne saura pas tout.

Sur des croix feintes et dans des prétendues églises, beaucoup parleront au nom d'un pouvoir mesquin. Les chiens courront à Rome et la Mère sera liée aux branches de la croix. Celui qui ne prendra pas les armes devra se cacher. Et les soi-disant fils s'empareront du troupeau.

Pas toujours peur de la guerre.

Le mal rouge à nouveau frappé par la parole du Père. Le mot sera plus fort que les armes et celui qui se croit immortel mourra.

Mais le mal rouge étourdira ceux qui ont soif et croient puis sont les esclaves du maître du désert fils du mal.

Mais Rome éternelle n'aura jamais de couleurs.

Crise des vocations, nouveaux travaux à l'intérieur de l'Église, tout ceci est très clair. Les fils de saint Joseph le besogneux pourraient être les prêtres-ouvriers et tous ceux qui croient en une Église plus proche des instances sociales du temps. L'incompréhension entre les parties, l'inquiétude de l'angoisse liée à la nouveauté, les intolérances peuvent empêcher le dialogue pour longtemps. Nombreux sont ceux qui abandonneront l'Église parce qu'elle ne les comprend pas, mais l'Église aussi est incomprise. Ces ruptures internes dureront longtemps et même ceux qui viendront devront se taire. Sur les luttes qui se poursuivent — et qu'on peut considérer comme le signe de vitalité de l'Église — nous avons des témoignages très sérieux, même de nos jours. Le pape devra se taire sur de nombreuses choses de ce genre. Peut-être quelqu'un agit-il en secret ?

L'Église sera utilisée à des fins bassement matérielles de pouvoir. « Les chiens courront à Rome et la Mère sera liée aux branches de la croix. » On ne peut plus clair : il s'agit de la situation politique, de l'après-guerre à aujourd'hui, où, au nom du christianisme, on s'est livré à des spéculations de mauvaise foi. Au nom de l'Église, on fera un marché, on fera la conquête du pouvoir politique, on abattra les ennemis, l'action sociale de l'Église sera différente de ce qu'elle aurait dû être. En fait, dans la politique italienne (la référence à Rome et aux chiens est très claire), il n'y aura jamais de place pour les authentiques catholiques. Pour les autres, oui, qui, au nom du catholicisme, mèneront une politique capitaliste, bourgeoise, avec des compromis anti-humains, anti-sociaux. Avec pour seul but de voler : « les soi-disant fils s'empareront du troupeau ».

Les guerres lointaines, liées aux multiples guerres du moment, aux nombreux foyers qui peuvent, d'un moment à l'autre, transformer en guerre tout court la guerre froide. On peut comprendre ces peurs comme une spéculation pour la construction d'un pouvoir corrompu, plutôt que comme une prise de conscience.

A nouveau, une allusion à la lutte spirituelle de Pie XII contre le communisme. Il y a là une indication de la force du christianisme et de la parole du pape, plus forte que n'importe quelle autre arme. «Celui qui se croit immortel mourra.» Là encore, le communisme, sa séduction sur les foules, qu'il rend esclaves. Les pays satellites de l'U.R.S.S. et l'implantation communiste dans le monde. «Le maître du désert» est peut-être Staline. Dans la dernière phrase, je crois que le prophète a voulu dire que Rome, l'Église ne se plieront jamais. Elle n'aura pas de couleur, quoi qui puisse lui arriver.

Aujourd'hui le saint est mort. Il ne con-
naîtra pas les honneurs, car saint parmi les
saints est celui qui agit dans l'humilité, prie en
silence.

Ô Chère Assise, qui en as vu le passé, et toi,
Émilie, qui l'as bercé, et toi Israël, qui lui as
donné asile.

Sept chapelets cette nuit. Le couvent sera
détruit et des fleurs rouges sur les tombes
découvertes.

Sur lui le monde se taira toujours.

La Mère oublie son cœur latin, son cœur
d'Orient. Et sang dans les prisons pour celui
qui croit.

Mère pourquoi gardes-tu le silence?

Toute la première partie de la prophétie concerne un
saint inconnu, dont personne, jamais, ne saura rien mais
auquel le prophète rend hommage pour sa grandeur. Né
en Émilie, il a vécu à Assise et s'est réfugié en Terre
sainte. Sa mort a coïncidé avec des actes de vandalisme,
de terreur, mais je n'ai pu les retrouver car je manque de
références.

La seconde partie, elle, est consacrée aux persécutions
contre les chrétiens, en Amérique latine, peut-être même
en Espagne, sûrement en tout cas dans les pays
soviétiques. Le prophète parle clairement de l'Église du
silence, mais aussi du silence de l'Église devant ces
événements.

Puis arrivera Père l'inattendu, fils des champs et des eaux.

Je ne le vois pas. Je crains pour lui. Pour son époque. Pour la Mère. Il marchera au milieu de gens divisés, prêts à mettre et à arracher la tunique du Rédempteur. Il criera beaucoup dans son cœur, il parlera doucement. Ils le croiront. Dure sera la lutte.

Et dans les papiers du Père mort il trouvera le projet pour rassembler les bergers et parler au troupeau. Il osera l'inosé. Il se trompera, mais ce sera un bien.

Il voudra connaître le monde et le faire connaître avec ses yeux aux simples. Le scandale arrivera mais tous comprendront.

Ses lettres resteront.

Il mourra loin des bergers avant de les rappeler. Ses papiers seront cachés. Ses papiers seront volés. On dira peu de choses de lui.

Mais le jour où le Père qui viendra après lui des brumes sera frappé, même sa voix sera entendue dans la tombe. Le Père mort ouvrira le septième sceau.

Pour lui je demande pardon.

Ici, le pape Jean annonce même trop clairement sa venue, son élection comme souverain pontife. Il parle des luttes dures, des divisions dans l'Église, il prend référence

83

sur ses propres encycliques. Tout aussi clairement, il dit, en parlant du Concile, en avoir trouvé le projet dans les papiers de son prédécesseur. Il admet ses erreurs, mais elles contribueront au bien. Le scandale est dû, sans doute, aux méthodes inhabituelles de ce pape, ou aux personnalités du monde protestant, parfois même athée, qu'il a reçues. Mais s'il agit ainsi, c'est pour permettre aux fidèles de connaître le monde à travers ses yeux simples. Les lettres auxquelles se réfère le prophète sont sûrement les encycliques qui font partie de l'histoire de l'Église et de l'humanité.

Quant à sa prophétie sur sa mort, elle est terrible : à la moitié exactement du Concile, dont il avait clos la première session avant de mourir.

Les documents qui le concernent personnellement, qui ont trait à ses actes, ont été cachés et volés après sa mort. Nous savons de lui peu de chose, bien moins que nous ne devrions.

La dernière partie de la prophétie annonce que certaines vérités éclateront en pleine lumière et qu'on entendra la voix du pape hors de la tombe. Il faut ici supposer qu'il s'agit d'un témoignage ou de la découverte des papiers volés. Et ceci arrivera après que son successeur «sera frappé». On ne comprend pas si le successeur «viendra des brumes» (Paul VI vient de Milan) ou s'il sera frappé par les brumes.

Un acte de violence sur le pape ou une fulguration ou, en tout cas, quelque chose de retentissant permettra de connaître des choses importantes et inédites sur Jean XXIII. J'ai pensé qu'il pouvait s'agir de ces prophéties, mais je pense plutôt à quelque chose qui toucherait de près au gouvernement de l'Église et que l'on cache encore aujourd'hui. Le «septième sceau» pourrait être une allusion à l'Apocalypse de Jean ou se référer au nom du pape. Ou encore invoquer un règlement de comptes à la suite de l'éclatement de certaines vérités.

La prophétie se termine sur une note d'humilité, le prophète demande grâce pour lui-même. Il ignore peut-être qu'il parle en fait de lui ? Il dit, au début : «Je ne le vois pas...»

Ô tourmenté élu dans les tourments, Père veuf dont Marie sait le secret. Elle le taira par foi.

Tu payes encore le solde de Paris. N'accepte pas la tentation du Panthéon, de ses morts et de ses vivants.

En voyageant tu te laisseras toi-même sur le trône. Tu ne pourras plus te lever, tu affronteras les gens. Ils ne te comprendront pas, ils t'affronteront. Et tu te tairas. Des pâturages entiers seront brûlés, tais-toi s'ils tuent tes bergers.

Babylone a trop de langues. Tu as brisé la chaîne, tu le sais, tu le sauras jusqu'à la mort. Langues diverses pour le sacrement, langues diverses pour les mots. Aujourd'hui elle a disparu.

Tu as enlevé l'exorcisme au sacrement et de Satan tu as vu le visage. Parler ne suffit pas.

Toi qui viens des brumes tu seras frappé.

Tu n'as pas su avertir, oser, choisir, prier. Tu as vu trop de choses, tu n'as pas voulu les raconter. L'Église tremble et tes lettres la secouent inutilement.

Les meilleurs fils s'en vont, ils vont servir le mal qu'ils appellent bien. Et ceux qui se pressent autour de toi sont oubliés.

Tu auras un jour de paix, un seul. Puis tu devras t'en remettre au pacte. Les brumes.

Cette prophétie, très obscure, concerne Paul VI, successeur de Jean XXIII. Le prophète parle un langage dur, plein de compassion, de constatations amères, d'incitations, de résignation même. Le pape est dit «veuf». Marie, mise en cause, n'est sûrement pas la Vierge mais une femme qui connaît un secret. Il est dit «elle le taira par foi», ce qui, en aucun cas, ne peut se dire de la Vierge. Quant au «solde de Paris», que le pape paierait encore, il reste pour nous complètement obscur. Le Panthéon est sans doute lié au lieu de sépulture des rois d'Italie. Et la tentation viendrait de ce côté, des vivants et des morts. Nous ne pouvons savoir de quelle tentation il s'agit ni quels sont les liens entre le pape Montini et la Maison de Savoie.

Le reste concerne les inquiétudes, les voyages tourmentés, les angoisses de ce pape. Même s'il s'éloigne, il reste sur son trône. C'est-à-dire que jamais il n'oublie ses doutes, ses peurs. Puis arrive l'allusion à son silence et à ses hésitations. Aux persécutions, accompagnées des meurtres et des tortures de ministres de Dieu, sous les régimes anti-chrétiens.

La phrase suivante s'attaque soit à la messe, qui ne se dit plus en latin, soit à la séparation des langues, la confusion entre chrétiens par suite d'une certaine politique ecclésiale. Paul VI a parlé plus d'une fois du démon : on le retrouve ici, mais en ajoutant aussi que l'exorcisme contre Satan a été précisément retiré du sacrement par ce pape-là. «Parler ne suffit pas.» C'est une exhortation à combattre réellement le démon. A nouveau, une allusion aux brumes, au fait que le pape sera frappé. Peut-être s'agit-il de l'attentat qu'il a déjà subi ? Je crois plutôt qu'il s'agira, dans l'avenir, d'une chose beaucoup plus grave. Nouvelles observations sur la politique indécise de ce pape, accompagnées d'avertissements sévères, durs.

Promesse d'un jour de paix, puis une allusion à un pacte incompréhensible auquel le pape devrait se soumettre. Et une fois encore, terrible, la référence : les brumes.

Béni, béni, béni.

*Ce seront les jeunes qui t'acclameront,
nouveau Pape d'une Église qui sourit. Les fils
des saints de Milan. Seize te compteront. Ils te
tiendront bien haut les mains.*

*Vierge Marie proche. Vierge Marie qui fus
sacrifiée. Dans ses paroles tu trouveras le
chemin, béni, béni, béni. Tu seras père de tous.
Le début du chemin sera difficile, marcher
pour Rome en des jours de sang. Éclaircir les
brumes et leurs sépulcres.*

*Donner un nom sacré aux choses sacrées,
donner un nom profane aux choses profanes.
Dans ta maison tu recevras un saint aux pieds
nus. Et tu feras attendre les puissants, les
mains désarmées, à te prier.*

*Le saint parlera aussi pour toi dans chaque
contrée et du monde des blanches fleurs
t'envelopperont.*

*Le tien sera le voyage du courage, le grand
défi au monde et à l'immonde prince du monde.*

*A celui qui t'enverra des soldats, tu
opposeras des légions. Et jamais tu ne
reviendras sur la parole.*

*Et tu te feras va-nu-pieds, et tu marcheras
avec le saint va-nu-pieds.*

*Quand tu divulgueras la parole de Marie la
Très Sainte, ton unique blessure se fermera.
La Mère de l'Église sera Mère du monde.
Ange tu seras dit, béni.*

Le successeur de Paul VI est annoncé, avec une grande allégresse car son arrivée, comme le fait comprendre la prophétie, sera l'annonce de merveilles pour le monde, de succès, de consolations pour l'Église. Le mot «béni» répété trois fois au début et repris dans le texte peut laisser entendre que le pape se nommera ainsi. Mais le «Ange tu seras dit, béni», tout en confirmant cette hypothèse, peut aussi n'être qu'un possible éloge du pape. Revoici les fils des saints de Milan que je n'ai pas réussi à identifier. Comme je n'ai pas su expliquer la phrase «seize te compteront» et d'autres choses encore, ayant un rapport avec des événements et des actions bien précises de ce pape.

Au début, le pape vivra des jours difficiles, le prophète va jusqu'à parler de jours de sang à Rome. Mais, pour l'aider, il aura près de lui la Très Sainte Marie qui avait été sacrifiée. Il est clair que Marie sera la clef de voûte de ce pontificat, pendant lequel s'opéreront tant de transformations que la Mère de l'Église, la Madone, deviendra Mère du monde.

L'influence et le pouvoir du pape s'exerceront sur tous, sur les puissants surtout. Il saura lutter avec des armes propres au christianisme — et vaincre. Il ne reculera jamais et il rencontrera des fleurs et des consentements : peut-être les fleurs sont-elles de nouveaux catholiques ou de nouvelles conversions et vocations ?

Le lien entre le pape et un saint va-nu-pieds, qui prêchera aussi pour lui ; devenant lui-même va-nu-pieds, il marchera à côté du saint. Il peut s'agir d'un pèlerinage, mais je croirais plus volontiers au retour à l'humilité, à la simplicité de l'Église, dans le respect de la tradition. Un pape simple, va-nu-pieds, qui saura combattre «le monde et l'immonde prince du monde», Satan.

Deux frères et personne ne sera le vrai Père.
La Mère sera veuve.

Les frères d'Orient et d'Occident se tueront
et dans l'assaut tueront leurs enfants.

Alors le saint aux pieds nus descendra du
mont et, devant la tombe du va-nu-pieds,
éclatera le règne béni de la Très Sainte Vierge.

Écoutez ses paroles.

Marie Très Sainte, fille et mère de Dieu,
maîtresse du temps futur, bats le rappel de tes
fils dans les campagnes, pour qu'ils abattent
les deux Babylone.

Et que la Mère soit Une, comme toi tu es
unique.

La terre détruira le ciment et de terre sera,
Reine, ta nouvelle Église. Et sur la terre de blé,
pour la faim de tes peuples, fleur sur son
nouvel autel. Amen.

Il s'agit là, sans doute, d'un schisme, d'une déchirure profonde dans l'Église, après la mort du pape aux pieds nus. Peut-être d'un antipape, d'une querelle ? Mais, comme le dit le prophète, en cette époque de tourments, il n'y aura aucun vrai pape. La lutte entraînera les fidèles qui n'en sortiront pas vivants. Mais voilà que réapparaît le saint aux pieds nus. Il viendra, lui, et il parlera. Invocation à la Vierge Marie pour que les fidèles des campagnes détruisent les deux Babylone : c'est un appel aux authentiques fidèles, contre deux expressions fausses de l'Église ; c'est une période de querelles morales, peut-être due à des interférences politiques, à des bouleversements sociaux. En détruisant le ciment, la campagne vaincra. Il peut s'agir d'une récupération des valeurs anciennes, qui détruiront le faux modernisme, le faux progrès, l'exploitation de l'homme emprisonné dans les grandes villes, enchaîné à de fausses nécessités.

Alors, il y aura une lutte dure, conduite — ou peut-être seulement prêchée — par le saint aux pieds nus, mais les deux centres de pouvoir anti-chrétien et anti-humains, les deux Babylone, seront abattus.

Grâce, enfin, à cette force qui lui vient de la Vierge — tant de fois évoquée dans les prophéties, montrée en exemple, priée avec humilité — l'Église surmontera ses divisions : elle sera à nouveau Une. Il se peut qu'à ce point de la prophétie tous les chrétiens, et même les frères sélarés, soient réunis dans un seul embrassement. La nouvelle Église sera en terre, dit le texte : construite par des hommes nouveaux, qui ont gardé les traditions antiques de type campagnard, des traditions simples en tout cas. Et, à la fin de ces tourments, l'Église devrait connaître une nouvelle affluence dans ses messes apostoliques, de nouvelles vocations, des liens nouveaux avec les peuples. Le blé symboliserait ce renouveau, d'autant qu'il est aussi qualifié de fleur, la plus belle, qui orne le nouvel autel en l'honneur de la Vierge.

Ton règne sera grand et bref. Père, il sera bref mais il te mènera loin, dans la lointaine terre où tu es né et où tu seras enseveli.

À Rome ils ne voudront pas te donner.

Et il y aura un autre Père, avant que tu sois enseveli, pour prier loin pour toi, pour les blessures de la Mère.

Mikail et Jean descendront sur terre.

Les urnes ouvertes dans les lieux secrets sous le trésor et seront découverts les pas du premier homme.

Le grand frère d'Orient fera trembler le monde par la croix renversée sans les lis.

Le nouveau Père ira vers lui mais laissera la Mère orpheline.

Mais auparavant par ses paroles de vraie science le secret de l'arme qui détruit les armes. Temps de paix, alors, et sur la haute pierre sera le nom d'Albert.

Nouvelle époque de tourments pour l'Église, avec un pape qui ne régnera que peu de temps, s'éloignera de Rome pour retrouver la terre qui lui a donné le jour. Il s'agit sans doute là d'un pape étranger, peut-être même le centre de la chrétienté s'en trouvera-t-il déplacé.

Le corps du pape ne sera pas rendu à Rome où un nouveau pape sera élu avant même qu'il ne soit enseveli. Cette période trouble laissera de profondes blessures au cœur de l'Église.

« Mikail et Jean descendront sur terre. » Difficile d'interpréter cette phase : Mikail est orthographié ainsi dans le texte. Il pourrait s'agir de l'archange Michel et, donc, d'une punition du ciel puisque, juste après, on parle de Jean qui, lui, pourrait venir annoncer la paix. Mais il peut aussi s'agir du nom des deux papes dont on signale l'arrivée.

Dans le sous-sol de Saint-Pierre, c'est-à-dire « sous le trésor », des lieux secrets seront découverts ou bien encore des choses jusqu'alors ignorées, « et seront découverts les pas du premier homme ». S'agit-il d'un élément important sur le premier pape romain, Pierre ? Ou bien d'une découverte scientifique, très importante, qui expliquerait les origines de l'humanité en donnant, de tout ce qui est dit dans les Écritures, une explication rationnelle ?

Les temps seront difficiles : un dictateur est annoncé en Orient, qui fera trembler le monde. Ce monde, qui a perdu la foi et la pureté, peut être symbolisé par la croix renversée et sans lis — mais il peut s'agir aussi du personnage en question. Ou alors faut-il y voir l'Antéchrist présent dans presque toutes les prophéties ?

Le pape ira à la rencontre de ce personnage, soit pour le convertir, soit pour empêcher qu'une guerre n'éclate. Mais, au cours de cette expédition, il mourra en laissant la Mère, l'Église, orpheline. Pourtant, avant de mourir, il aura révélé d'importantes choses, sur le plan scientifique ; et ces révélations seront capables de détruire les armes et d'apporter la paix dans le monde. Le pape sera-t-il un homme de science ? Découvrira-t-il des secrets antiques qui, mis en application à cette époque-là, donneront des résultats incroyables ?

Puis suivra un temps de paix, grâce à l'œuvre de ce pape qui pourrait s'appeler Albert. A moins que ce prénom ne soit lié à sa découverte, à quelqu'un ou à quelque chose qui a un rapport avec lui.

La longue paix fera oublier les erreurs passées. Elle fera oublier le grand frère crucifié renversé. Il y aura la guerre dans la Mère, et les troupeaux se disperseront. Alors quelqu'un criera sang et sera écouté. Malheur à celui qui aura crié, le premier sang à couler sera le sien.

S'affronteront croissant de lune, étoile et croix. Quelqu'un brandira la croix noire. Des vallées du Prince viendront les chevaliers aveugles.

Derrière eux, les corbeaux de la faim, de la famine, de la peste.

Où croyez-vous fuir, maintenant que vous avez détruit les églises et tué le dernier Père ?

Attendez le signe de Jean. L'agneau est prêt. Signez-vous sept fois avec une main fatiguée et attendez. La lumière vient encore de l'Occident.

Le dictateur d'Orient sera tué — «crucifié renversé» — et il s'ensuivra de longues années de paix. Mais l'homme se fatiguera de tant de paix, il ne saura l'apprécier : de nouveaux conflits éclateront au sein de l'Église qui provoqueront la dispersion des fidèles, des luttes, peut-être même des schismes. Et ce sera la violence, peut-être avec la naissance d'un anti-pape ou l'avènement d'un soi-disant prophète qui réussira à séduire et à tromper de nombreux fidèles. Mais le premier sang versé sera justement celui de ceux qui auront provoqué la guerre : et là il s'agit sans doute d'une vraie guerre, déclenchée par ces événements.

« S'affronteront croissant de lune, étoile et croix. » Les musulmans, les juifs et les chrétiens participeraient donc à une grande guerre religieuse. Il peut s'agir d'une allusion symbolique — mais les symboles sont ici très clairs — et la lutte pourrait se dérouler sous des formes nouvelles, différentes de celles que nous connaissons aujourd'hui.

« Quelqu'un brandira la croix noire. » Les forces du mal, les armes de l'Antéchrist, au centre de la grande querelle, peut-être même à l'origine du conflit. Des vallées de Satan (le Prince) viendront aussi ses adeptes, et les forces du mal se déchaîneront. L'image des chevaliers aveugles est très bien définie, dans l'école ésotérique, comme force de l'anti-tradition et de la contre-initiation.

Conflits et violence ne suffisent pas : voilà que suivent les autres calamités, la faim, la famine, la peste. Dramatique prophétie : personne, dans la chrétienté, n'en réchappera, car les églises ont été détruites et même le dernier pape a été tué. On peut donner à « dernier » soit le sens de : dernier de son époque, soit celui de : ultime, dans l'absolu. J'opterais pour le premier sens, même si le doute subsiste. Le temps de la fin est tout près, comme nous le verrons dans d'autres prophéties, celles qui concernent l'Église, les dernières. Mais déjà dans celle-ci, il est question du signe de Jean, de la fin de l'Apocalypse.

Le texte s'achève sur un espoir de lumière qui viendrait d'Occident et qui peut s'expliquer de diverses manières.

Avant l'ultime lumière, les pasteurs auront reconnu le signe. Et l'Église aura beaucoup de Pères, tous frères.

De la terre et des eaux sortiront des cathédrales et des temples pour les saints anciens et les saints nouveaux, au nom éternel. Mais il est déjà l'heure des saints.

Tous parleront la même langue.

Et la parleront pour prier la Vierge et le Sauveur.

Le règne de Dieu arrive sur terre, sa cité se dresse même pour qui ne l'a pas voulu.

Le premier soleil illumine la balance de l'univers.

Ouvrez votre cœur au lis. La voix sera puissante, annoncée par les trompettes.

Lumière de l'Occident, dernière lumière avant l'éternelle, inconnue. La vérité sera plus simple que tous l'ont dit, que tous l'ont écrit.

Ce sera un bon jugement.

Notre Père, qui es aux cieux, que ton règne arrive. Ta volonté est faite, au ciel et sur la terre.

Il y a vingt siècles plus l'âge du Sauveur. Amen.

Ainsi s'achèvent les prophéties sur l'Église. Il s'agit très clairement du jugement dernier, apparu dans une lumière de grande espérance, de grande bonté, de grande foi. Après avoir vécu bien des tourments, les hommes auront compris. Et à la fin, ou il y aura de nombreux papes (Pères) ou il n'y en aura même plus parce que la Cité de Dieu aura été construite sur terre et que tous les hommes seront frères. De nouveaux temples seront bâtis, il y aura de nouveaux saints. «Mais il est déjà l'heure des saints», dit le prophète, et il faut comprendre cette phrase dans le sens suivant : en vue du jugement dernier, tous les bons, selon le pacte avec Dieu, seront saints. L'humanité devrait connaître une seule langue, et même une seule foi. On peut donner à cela plusieurs explications. Quelle qu'elle soit, cette langue servira à prier et à reconnaître la grandeur de Marie la Vierge dont l'intervention aura été déterminante pour sauver l'Église, pour son triomphe et la célébration des retrouvailles avec une foi authentique chez les hommes.

La «balance de l'univers» devrait symboliser le jugement. Quant au reste de la prophétie, il est plutôt rassurant et explique que la vérité devant laquelle nous nous trouverons à la fin sera beaucoup plus simple que ne l'avaient laissé prévoir, pendant des siècles, tous ceux qui avaient tenté de l'expliquer, par trop de mots, par trop de livres. Le prophète veut dire que la vérité est dans la foi. «Ce sera un bon jugement», dit-il tout simplement : phrase pleine d'amour et rassurante.

La dernière phrase date clairement ces événements : «Il y a vingt siècles plus l'âge du Sauveur.» A moins qu'il n'y ait un sens caché — mais je n'y crois pas — le jour du jugement dernier devrait se situer en 2033 après J.-C.

O Italie qui as cru dans la fausse liberté de soixante-dix et n'as jamais connu la liberté.

Qui as élevé dans ton sein les maux du temps, nés dans la ville du premier édit.

Tu as eu de faux rois, fils de non-rois, tu n'as pas su les tuer tandis qu'ils te tuaient.

Aujourd'hui ton roi fils de non-roi est ombre du masque qui crie. A Monaco il simulera la paix, mais il aura versé le sang en Espagne.

Et le fils de la Bête lui est frère, père, patron. Les dieux païens noirs sont exhumés et les aigles et les chants de la mort.

Jamais il n'y eut de liberté, il n'y a pas de liberté. Celui qui croit opposer le faux savoir à la foi, l'orgueil prématuré au divin n'est pas libre.

Aujourd'hui ce sont les fils de cet orgueil, enfermés dans des frontières, qui tremblent. Et ils sont tous ennemis.

Et toi nouveau Tsar, maudit par le petit père, tu serres la main au dictateur noir. Regarde la mer. Elle sera rouge de sang.

Avec cette prophétie, commencent les prédictions d'Angelo Roncalli sur la politique, la paix et la guerre. Et la première concerne l'Italie. Ses malheurs auraient commencé avec la prise de la Porte Pia, simple illusion d'une liberté qui ne l'était pas réellement. Le prophète attribue à l'Italie l'origine des maux de notre temps, dans une de ses villes, celle du premier édit. J'ai pensé à Milan, qui vit le premier édit concernant l'Église, celui de Constantin. D'autre part, c'est à Milan que s'éveilla le fascisme. De quels autres maux est-il question, je ne pourrais le dire, encore que Milan a connu aussi l'essor du capitalisme et du socialisme.

Les monarques italiens sont qualifiés de «faux rois», «fils de non-rois» : le prophète n'est pas le premier à accréditer la thèse selon laquelle la dynastie de Savoie aurait connu bien des tourments et des substitutions d'héritiers. Mais peut-être s'agit-il des monarques italiens en général, incapables de régner ? La prédiction ajoute que le peuple n'a pas su les tuer alors qu'eux tuaient leur pays. Le roi en question est sûrement Victor-Emmanuel III, «ombre du masque qui crie», c'est-à-dire, sans aucun doute, Mussolini. Peu après, il mentionne la rencontre grotesque de Monaco, où le Duce prit une attitude de pacifiste et de médiateur alors que la guerre était désormais sur le point d'éclater. Quant au fils de la Bête, c'est sans doute Hitler. Par rapport à Mussolini, on le dit frère d'abord, puis père, et enfin patron. Il ne pourrait y avoir de définition plus exacte. Ni, pour tous les deux, de la guerre d'Espagne. Et encore les allusions aux aigles, aux chants de la mort, aux dieux païens noirs surtout, exhumés par le nazisme et singés par le fascisme. Le culte du sang, de la race, de l'homme supérieur.

Puis le prophète dit que si, à cette époque-là, il n'y a pas de liberté, il n'y en avait pas plus avant et on peut voir là le résultat de la bêtise des hommes qui ont opposé la science à la foi, l'orgueil à la divinité. Hitler et Mussolini sont donc les enfants de ces erreurs.

Le dernier paragraphe concerne Staline. Le petit père, qui porta effectivement des jugements très sévères sur

Staline, c'est Lénine. «Tu serres la main au dictateur noir» : il s'agit du pacte entre l'U.R.S.S. et l'Allemagne nazie. Staline le signa dans un but expansionniste mais la conséquence de cet acte fut le sang d'une guerre horrible.

Unis dans l'orgueil de la victoire, de la vengeance, dans le filet de l'expansion, vous vous séparerez, et vous vous écroulerez, dans votre société nations.

Ce n'est pas le privilège qui peut apporter la paix au monde, ce n'est pas l'invasion, ce n'est pas la séparation du sang. Fils du démon de Luther.

Les états du futur étaient hors de vous, vous les avez ignorés, vous les avez piétinés. Aujourd'hui esclaves, demain maîtres éclairés.

Dantzig, blessure d'Europe, fléau du monde.

Diviser le monde signifie diviser et blesser, tuer.

Marche le fils de la Bête, enfanté en un an dans le secret.

Souffrent les dociles esclaves éternels fils de Dieu et de la Grande Mère très Sainte au-delà des monts Oural.

Par millions ils meurent en silence, peu sera révélé.

Les morts ne parlent pas.

Le nouveau Tsar tue les vrais fils du petit père. Il a les yeux du loup. Mais les loups sont à la frontière. Pourquoi le voyageur aux yeux d'acier ne parle-t-il pas, qui sait, peut-être le lui a-t-on demandé?

Pourquoi fuit-il en silence?

Sur la terre des anges il y a trop d'orgueil.

Le monde est sûr de sourire. Et les riches jouent avec les chiots en feignant d'ignorer qu'ils sont les trois loups des trois erreurs du monde.

Avertissement sévère pour la Société des Nations, dont les erreurs sont la cause première d'une situation qui a conduit les nationalismes à l'exaspération, à la naissance des États autoritaires en Europe. L'accusation des États capitalistes protestants, fils du démon de Luther, est très claire : États-Unis et Angleterre. Pour cette dernière, on ajoute très précisément le colonialisme et l'exploitation des peuples. La prophétie est très claire : les États du futur, ceux qui apporteront une lumière nouvelle au monde, sont ceux qui sont aujourd'hui colonisés, piétinés, enchaînés.

Et voici la prophétie sur la Seconde Guerre mondiale : même le nom de Dantzig est mentionné. La phrase suivante a sans doute un rapport avec les diplomaties qui, en essayant de faire une répartition du monde, ont entraîné une séparation, laquelle est devenue une blessure, celle de la guerre.

Hitler, à nouveau, en marche. La phrase «enfanté en un an dans le secret» reste mystérieuse. Je n'ai pas réussi à lui trouver une signification convaincante même si les allusions ne manquent pas, depuis les prétendues capacités magiques du Führer au fait qu'il fut le produit d'une volonté supérieure, décidé par le mal.

Puis, encore, la Russie. Envers le peuple, qu'il qualifie d'esclave, beaucoup de compassion. Il parle de millions de morts, avant la guerre, dans le plus grand secret. «Peu sera révélé» : on a appris des choses sur les persécutions staliniennes mais peut-être ont-elles dépassé tout ce que nous en avons su et qui ne nous sera jamais révélé ? Encore Staline et ses crimes contre ses ennemis à l'intérieur du Parti, les «vrais fils» de Lénine.

Le voyageur des airs pourrait être Lindbergh : il a un secret dont il ne parle pas. Et il s'en va en silence. Hélas ! nous ne savons rien de ce secret, et si ce voyageur devait être Lindbergh, désormais il n'est plus là pour le dire.

La «terre des anges» peut être l'Angleterre dont le prophète dit qu'il y a trop d'orgueil sur sa terre. «Le monde est sûr de sourire» : cette phrase donne une idée exacte de la légèreté du monde à l'égard des drames qui vont se produire, de l'inconscience de certains puissants qui jouent et feignent d'ignorer que les destinées de l'humanité sont déjà engagées. Les détenteurs du pouvoir économique ne sont pas épargnés, qui, à des fins spéculatives, s'amusent avec le danger.

Quant aux trois maux du monde, ils sont le capitalisme, le nazisme, le socialisme.

Grandes les races. On porte des couronnes
fausses sur des terres grandes, on donne des
rois et des chefs esclaves à des peuples civils,
au nom du néant engendré par le mal.

Celui qui peut agir reste immobile, en
espérant se sauver, ou prendre sa part du
butin.

Dans les laboratoires on prépare des armes
inconnues de tous. L'Italie en est la forge.

L'Italie qui met dans le faux marbre ce
qu'elle n'a pas dans le cœur. Ses hommes sont
des statues sans pensée.

La guerre voulue. La guerre de tous, sans
frontières. Le fils de la Bête lâche les fauves.

Et l'Europe s'écroule, comme une statue de
boue.

La mer tue sous les eaux. Et le ciel crache le
feu. Des innocents tués dans les maisons.

Et où arrivent bottes et clous, les enfants
d'Israël connaissent le tourment. Bergeries
pour leur douleur et mort subtile. Les
bourreaux savent, ils mentiront à Nuremberg.

Cherchez-les toujours les bourreaux, même
quand vous les croirez morts. Cherchez-les
partout où vit le pouvoir avec la terreur.
Cherchez-les dans les maisons de celui qui
s'est enrichi avec la guerre.

Pas pour la vengeance, mais pour empêcher
qu'eux et leurs enfants envahissent encore le
monde en camouflant le mot et le chef.

On ne dira rien de l'Italie, mais ses hommes sont complices.

Le fils de la Bête a dans le cœur la grande arme.

Guerre et massacres odieux sont au centre de cette prophétie. Au début, elle parle de faux règnes et de gouvernements fantoches, imposés par les gouvernements nazis-fascistes. Ces États, d'ailleurs, ne sont pas épargnés, qui auraient pu empêcher ces violences mais ne l'ont pas fait dans l'espoir d'en retirer des bénéfices.

Première allusion aux terribles armes atomiques, en Italie où vivent les scientifiques qui les créèrent. Encore l'Italie, accusée de dégradation de la pensée, de fausse idéologie. Et puis, la guerre : « la guerre de tous, sans frontières ». Les bombardements, les occupations, les persécutions des minorités, les races, les rafles. Une réalité qui porte la guerre dans chaque maison, frappant, outre les soldats, les civils, les femmes, les enfants. L'écroulement de l'Europe sous l'assaut hitlérien : une Europe qui n'est plus qu'une statue de boue, désormais en marche, prête à s'écrouler. Allusion aussi à la guerre sous-marine, aux bombardements.

« Bergeries » symbolise la persécution contre les juifs, le génocide, les camps de concentration. Puis tombe l'accusation : « Les bourreaux savent, ils mentiront à Nuremberg. » Et le prophète invite les hommes à chercher les bourreaux, beaucoup d'entre eux sont vivants même si nous les croyons morts. Ils vivent dans des pays où règne encore la terreur, protégés par ceux qui se sont enrichis grâce à la guerre et aux horreurs de ces mêmes bourreaux. Les chercher non pas pour se venger, mais pour empêcher qu'eux et leurs disciples (« enfants ») puissent se représenter au monde avec de nouvelles paroles, sous d'autres aspects, avec un autre chef. (Là, le prophète se montre très chrétien.) Mais ils seront toujours les mêmes. Des criminels nazis, hélas ! il en existe beaucoup, qui ont survécu et complotent encore, qui peut-être agissent déjà ou sont là, quelque part, cachés derrière des fantoches, présents sur la scène mondiale.

Même l'Italie, ajoute le prophète, est responsable des crimes perpétrés pendant la guerre, les plus infâmes : il y a parmi nous beaucoup de complices, mais le silence et la solidarité entre criminels les protègent.

« Le fils de la Bête a dans le cœur la grande arme » : le prophète fait peut-être allusion à l'arme totale dont parla Hitler et qui a peut-être réellement existé. Ou bien s'agit-il d'autre chose, lié à la volonté de Hitler. Je n'ai pas réussi à le déchiffrer.

Celui qui tomba dans le ciel d'Afrique et dont l'aile fut frappée savait et pouvait agir. C'est pour cela qu'il a été tué.

Sa femme secrète sait et détient les lettres de la trahison. Elles apparaîtront à sa mort et alors celui qui semble mouton apparaîtra loup.

Celui qui a allumé trois cierges dans la nuit sainte s'est sauvé. Qui savait ?

Le nouveau Tsar a trahi, il a cru avoir perdu. Il a tué ses hommes avant que les clous ne les aient piétinés. Et par sa lâcheté des millions tomberont. Mais son corps honoré sera enlevé du sanctuaire.

La terre des anges pleure et son chef va trahir. Autres lettres qu'un jour on connaîtra. Quand sera découvert le secret de l'ami du fils de la Bête, envolé la nuit sur la terre des anges.

La terre céleste est divisée, envahie. Mais là agit le plus grand de tous, il sera un jour appelé père et donnera de l'amour à son grand peuple. Il a trois ennemis, il les abattra un à un.

Le premier ennemi jaune a frappé les fils de Luther, nus dans l'eau. Le second est sur sa terre et a de puissants amis. Le troisième est le nouveau Tsar qui a ordonné de le tuer.

Cette prophétie fait allusion à des événements très précis, des personnages facilement identifiables, et pourtant nous sommes devant une série de mystères : car sous ces faits, déjà connus parce qu'ils se sont déjà produits, se trame une histoire secrète que nous connaîtrons peut-être un jour.

L'allusion à Italo Balbo [1], au début, est claire. Il fut abattu en Afrique et «son aile fut frappée». Balbo fut tué par les siens. Le prophète laisse croire qu'il pourrait s'agir d'un ordre. Or, Balbo «savait et pouvait agir». Que savait-il ? nous l'ignorons. Mais il est ici question de lettres détenues par sa femme secrète — nous n'avons d'ailleurs pas le moindre renseignement pour la reconnaître — et qui seront révélées à sa mort — elle vit donc encore : alors, des personnages seront démasqués qui, jusqu'à ce jour, sont considérés comme des hommes justes et bons et qui ne sont que des traîtres.

Mystères pour les deux phrases suivantes : je n'ai pas réussi à les interpréter ni à leur trouver un lien avec le reste de la prophétie, consacré à Staline. Lâche et traître d'après le prophète, ce dernier a assassiné les siens avant même que les armes nazis-fascistes n'en aient tué d'autres millions. Ces morts auraient pour cause première la lâcheté du dictateur soviétique. Tout ce que dit la prophétie dans ce passage nous est déjà connu et s'est déjà vérifié. A la suite du rapport Khrouchtchev au XXe Congrès du P.C.U.S., le corps de Staline a bien été retiré du mausolée de Lénine.

Puis il est question de l'Angleterre, qui subit une dure épreuve en cette période. «Son chef va trahir. Autres lettres qu'un jour on connaîtra.» Ce chef, Churchill ? Et les documents seront connus, en même temps qu'on

1. Italo Balbo fut l'un des promoteurs du fascisme en Italie. Mort en 1940.

découvrira le secret de Hess, défini, ici, comme l'ami de Hitler, et s'envola une nuit pour Londres. L'Histoire nous réserve encore d'autres révélations, annonce le prophète, toutes liées les unes aux autres. Une série de trahisons, en Italie (comment expliquer autrement l'allusion à l'assassinat de Balbo), en Angleterre, en Union soviétique. Et les documents, encore inconnus à ce jour, nous donneront une version plus claire des événements horribles de ce temps-là. Ils feront la lumière sur les lourdes responsabilités de personnes aujourd'hui réputées.

La dernière partie est consacrée sans aucun doute à la Chine, «terre céleste». Il est question de ses divisions internes, des luttes pour la conquête du pouvoir et de l'invasion japonaise. «Mais là agit le plus grand de tous» : référence évidente à Mao Tsé-toung, dont le prophète dit qu'il sera grand un jour et comblera d'amour son peuple. Auparavant, il aura à vaincre ses trois ennemis. Le premier, le Japonais, qui a frappé les États-Unis, «fils de Luther», lors des événements de Pearl Harbour. Le second est le maréchal Tchang Kaï-chek. Le troisième est Staline — dont le prophète dit même qu'il aurait donné ordre d'exécuter Mao Tsé-toung.

L'Europe est en fleur.

La France a deux chefs, mais grand est celui du désert. Il doit une secrète reconnaissance au général de l'Espagne.

On se bat mais des montagnes, rouges et blanches, descendent les fleurs. Europe, ceux-ci sont tes meilleurs fils, qui un jour seront trahis.

Parce que les chefs qu'ils croiront abattre commanderont encore, toujours les mêmes.

Ils abattront les marionnettes de l'argent, pas les patrons de l'argent. Et ils se laisseront séduire par le nouveau Tsar, qui a vaincu malgré la trahison, grâce à l'ardeur de sa flamme rouge.

Les fils de Luther en Europe. La guerre des armes, les guerres des passions. Les jeunes des montagnes ont de nouveaux drapeaux, que les puissants arracheront avec le mensonge.

Attention aux fils de Luther et aux fils du nouveau Tsar. Ils veulent un monde exsangue pour le dernier repas. France, dresse la croix de Lorraine. Europe, brandis tes chants, plus forts que le son des canons.

Le fils de la Bête a échappé à trois attentats. Pas au quatrième. Ils lui servent à tuer celui qu'il hait. Mais pour lui c'est la fin. Enfermé dans la tanière, serré à la femme de l'autre. Sur sa mort, le mystère. Mais attention à celui qui est sorti de la tanière à la fin. Il sera long à

mourir èt prépare au monde d'autres plaies.
Lui connaît le vrai visage de la Bête.

Alors qu'elle débute sur une image d'espoir, la prophétie passe subitement à la Résistance et, pour la France, parle de deux chefs : le maréchal Pétain et le général de Gaulle : «grand est celui du désert». La Résistance française n'a-t-elle pas commencé justement en Afrique ? Puis, une allusion peu claire : de Gaulle devrait «une secrète reconnaissance» au général de l'Espagne. A moins qu'il ne s'agisse de quelque général espagnol non identifié, il y a tout lieu de croire qu'il s'agit de Francisco Franco.

La Résistance est symbolisée par les fleurs (signe d'espérance, d'enthousiasme) rouges et blanches qui descendent des montagnes. «On se bat», dit d'abord le prophète. Et l'on remarquera qu'il oppose toujours la guerre des armées puissantes, froide, calculatrice, agitée d'intérêts économiques ou peu avouables, à cette guerre d'enthousiasme de la Résistance qui lutte pour la vraie liberté. Des partisans, il dit : «Europe, ceux-ci sont tes meilleurs fils, qui un jour seront trahis. Parce que les chefs qu'ils croiront abattre commanderont encore, toujours les mêmes. » Une réalité que, hélas ! nous avons pu constater, en Italie comme ailleurs. Ceux qui étaient le plus compromis par le fascisme ont sauvé leur tête en retournant leur veste à la fin. La Résistance a été trahie, désarmée au moment décisif. Et ceux que le peuple aurait dû abattre, les plus grands responsables, ont repris le pouvoir, plus ou moins cachés sous de nouvelles étiquettes. Parmi eux, on trouve même ceux de l'État libéral, faussement démocratique, qui permirent la montée du fascisme. Il s'agit, dit la prophétie, d'une restauration, fomentée par les déchets du fascisme en Italie et les autres forces réactionnaires à l'étranger, et non d'un nouvel ordre de liberté. En fait, poursuit le prophète, «ils abattront les marionnettes de l'argent, pas les patrons de l'argent».

Et voilà que réapparaît Staline, «qui a vaincu malgré la trahison», grâce à la force, au courage et à l'abnégation des soldats de l'Armée rouge. Beaucoup seront séduits par Staline.

Les Américains, «fils de Luther», entrent en guerre en Europe. Là encore s'oppose, à la guerre des puissances, la révolte des individus dans la Résistance : «Les jeunes des montagnes ont de nouveaux drapeaux, que les puissants arracheront avec le mensonge.» Puis l'allusion, sans doute, au partage du monde à Yalta. Attention, dit le prophète, «ils veulent un monde exsangue pour le dernier repas». Et, hélas ! ils l'auront.

Une invocation, ensuite, à la France, à la croix de Lorraine de Jeanne d'Arc que brandissent les résistants et de Gaulle. Et cette invocation s'élargit à toute l'Europe : «Brandis tes chants, plus forts que le son des canons.» Le chant de la véritable libération, celle qui mène à la liberté de l'homme et non aux compromis tels que ceux imposés à l'humanité après la Seconde Guerre mondiale : traité de Yalta, négation de la liberté pour des nations entières, expansion des pays colonialistes, dictature économique sur une grande partie du monde. Guerre froide, guerre chaude.

La phrase suivante fait allusion aux trois attentats dont Hitler aurait été victime. Ces trois attentats sont connus, mais pas le quatrième. Étant donné que les attentats et les complots contre lui furent légion, on ne peut savoir auquel il est fait allusion. Les attentats auraient servi de prétexte à Hitler pour tuer des hommes puissants qui lui faisaient obstacle ou qu'il haïssait. Ils lui permirent de justifier des répressions particulières

119

ou l'élimination de personnalités adorées par son peuple.

Le mystère plane sur la mort de Hitler, poursuit la prophétie. Même si sa mort est bien décrite dans le bunker, avec la femme de l'autre. Il s'agit, bien sûr, d'Eva Braun, mais pourquoi est-elle décrite ainsi? Y aurait-il eu un autre homme que nous ne connaissons pas dans la vie d'Eva Braun? La prophétie se termine sur l'idée d'un mystère lié à la mort de Hitler. Mais elle parle aussi de fin. Il est très difficile d'extrapoler.

Le dernier paragraphe, par contre, est terrible. Attention, dit le texte, à celui qui est sorti de la tanière le dernier. Qui est-il? Martin Bormann? Un des autres personnages obscurs qui entouraient Hitler les derniers temps de sa vie? On dit d'eux justement qu'ils furent les derniers à quitter le bunker de Berlin. Selon de nombreux témoignages, quelques-uns d'entre eux endossaient les habits sacerdotaux, rituel d'une religion de la race et du sang, antitraditionnelle, qui visait, avec Hitler, à l'instauration du trop célèbre Ordre Nouveau.

Ceux-là seront longs à mourir et, dans l'ombre, sûrement protégés, essaieront de prendre leur revanche: le processus est peut-être déjà commencé, il prend peut-être un visage indéchiffrable — sauf dans la violence de certains pouvoirs, de certaines institutions. Celui qui est sorti le dernier du bunker « connaît le vrai visage de la Bête ». La Bête, dont Hitler était nommé le fils, pourrait être celle de l'Apocalypse. Et, dans les moments les plus dramatiques de l'humanité, les forces monstrueuses qui ont donné naissance au nazisme et conduit le monde à une guerre épouvantable, avec son cortège de génocides, cruautés et violences, pourraient rentrer dans le jeu.

Toi fils de Luther, tu ne verras pas la fin de la destruction. Et ton successeur commettra plus de crimes que toi, si c'est possible.

La grande arme explosera en Orient, laissant des plaies éternelles. Cette marque lâche sur la chair du monde ne sera plus effacée.

La grande arme inutile à la guerre, utilisée pour le pouvoir. Pour épouvanter celui qui ne se soumet pas à l'esclavage. Mais aucune arme n'arrête celui qui a la foi. Et sur la terre céleste on se bat pour la liberté. Le petit Tsar tremble à l'explosion. Il veut arrêter un peuple en révolte, sur la terre céleste. Il n'y réussira pas.

Le traître de la terre des anges a perdu les cartes. Elles réapparaîtront un jour. Lui a tué pour les ravoir.

Sur la terre de Brahma une voix désarmée. C'est la conscience du monde, qui ne mourra jamais, même quand sa chair sera morte.

Le masque sera pendu par les pieds dans la cité de l'Edit. Mais personne ne saura jamais comment il fut tué. L'ordre est venu de loin.

Le roi qui ne fut pas fils de roi ne reviendra pas en Italie. Et même l'homme qui se disait son fils sera chassé. La nuit de la revanche sera dure.

O Israël qui retournes à ta terre.

Clarté impressionnante de cette prophétie qui décrit une série d'événements qui se sont vérifiés. Il reste des doutes sur certaines personnes et d'autres faits, parce qu'ils ne sont pas connus, nous laissent perplexes.

La prophétie s'ouvre avec l'annonce de la mort du président Roosevelt qui mourut avant la fin de la guerre. Il est qualifié de criminel. C'est ensuite le tour de Truman, pire encore, « si c'est possible ». L'explosion de la bombe atomique au Japon est annoncée avec indignation, elle est condamnée avec une extrême violence. « Cette marque lâche sur la chair du monde ne sera plus effacée. » Ces explosions n'ont pas servi à des fins militaires, et ce fait est confirmé par les études les plus sérieuses, mais à un renforcement de pouvoir, politique et économique. Une arme, la bombe atomique, a surtout servi à semer la terreur chez ceux qui s'opposaient à une vraie lutte pour la liberté totale. Tout de suite après, il y a une allusion au conflit entre Mao Tsé-toung et Tchang Kaï-chek. Même Staline aurait été terrorisé par la bombe atomique.

Ce même Staline tente d'arrêter la marche de Mao — et ce fait est désormais historique. Mais il n'y réussira pas, même s'il a tout essayé, de la séduction à la menace. Le peuple chinois, désormais, a un chef et une voie.

On parle encore de Churchill, « le traître de la terre des anges » : il aurait perdu des documents et commis des délits pour les récupérer. Peut-être s'agit-il des deux dossiers de correspondances entre Churchill et Hitler et, surtout, entre Churchill et Mussolini. Ces documents seront révélés un jour.

On ne sait pas grand-chose sur ces documents, on en a seulement entendu parler, et les témoignages sérieux et connus ne suffisent pas pour faire la lumière.

Gandhi, « la conscience du monde », suscite l'enthousiasme et la sympathie du prophète. Il est défini comme une des plus grandes figures de ce temps. Son assassinat est annoncé, en même temps que ce que nous savons aujourd'hui avec certitude : que sa voix désarmée ne mourra jamais, qui nous a enseigné la sublime non-violence.

Et voici Mussolini, « le masque ». L'événement de la place Loreto à Milan est annoncé, mais le reste de la phrase laisse planer un doute énorme : on ne saura jamais qui a tué Mussolini, ni pourquoi. « L'ordre est venu de loin », dit mystérieusement le prophète.

Celui qui n'est pas « fils de roi », Victor-Emmanuel III, est en exil. De son fils, Umberto II, le prophète dit qu'il est « l'homme qui se disait son fils ». Il n'était donc pas son fils ? Une belle intrigue, dans la Maison de Savoie ! De toute façon, le résultat du référendum est prévu : Umberto II sera chassé.

Nouvelle inconnue avec la phrase suivante : quelle est cette « nuit de la revanche » ? Quels sont les dessous cachés de la chute de la monarchie et du départ de Umberto II ? Ce sont sans doute les revanchards qui ont perdu, mais nous ne connaissons rien de cette action.

La dernière phrase concerne Israël, et annonce le retour des juifs sur la Terre promise, la naissance, difficile mais enthousiasmante, du nouvel État d'Israël. Et cette prophétie nous fait entrer dans l'après-guerre, même si de nombreux points, déjà, nous y avaient fait pénétrer.

Aujourd'hui la Vierge apparaît.

Personne n'écoute ses paroles parce que, comme toujours, la douce n'apparaît qu'aux humbles.

Les humbles peuvent écouter et les humbles savent comprendre.

Seuls les humbles savent trouver les paroles simples parmi les fleurs pour témoigner avec sincérité. Très Sainte Mère immaculée qui descends sur la terre parmi les roses et parles à celui qui ne veut pas t'entendre. Très Sainte Mère au cœur ouvert tu n'es ni une statue de chair ni un rêve ni une peur comme on le dit. Tu es vive pour qui est vivant et tu parles au monde en choisissant les plus simples. Mais tu sais aussi pardonner.

Dans ce texte, il est question d'une importante apparition de la Madone, qui aurait fait de grandes révélations à des gens simples mais que personne n'aurait entendue. Hélas ! il n'est pas possible de situer cet événement dans le temps ou dans l'espace, et rien ne nous permet de lui donner une définition exacte. Ce texte n'a pas une simple valeur prophétique : il est aussi poétique et utilise parfaitement, surtout à la fin, le ton soumis et humble de la prière à la Vierge.

Les peuples jeunes et piétinés explosent, on lutte et on gagne. Sur l'extrême terre d'Orient, on luttera longtemps, lointaine sera la paix. Et aux fils de Jeanne se substitueront les fils de Luther. Mais tous seront vaincus.

Sur la terre céleste un seul vainqueur, avec la pensée, avec l'action, avec la parole. Par lui, un nouvel ordre des choses viendra au monde.

Les fils de Luther se battent dans le monde.

Israël resurgit et triomphe. Mais l'Islam n'est pas moins grand et le croissant est divisé.

La colère des esclavagistes se déchaîne plus près maintenant que la guerre lointaine est perdue.

Les grandes armes sont partout dans le monde et sont les clefs de la peur.

L'Europe est divisée. Un petit mur, une grande honte.

Le petit Tsar meurt tué dans l'ombre, dans sa tanière. Mais ses assassins étaient déjà en partie morts, les autres se tueront entre eux.

Cherchez dans les eaux de la Neva.

Occident civilisé, piétiné, têtes en rang, peuples esclaves. Vous êtes des chrétiens persécutés, la Mère du Silence ne meurt pas.

Celui qui a perdu la guerre la gagne aujourd'hui.

Sur la terre de Jeanne, on tire sur la croix de Lorraine. Non loin la seconde Elisabeth assiste à l'écroulement de ce que construisit la première. Aujourd'hui la mer est courte et la force est plus lointaine.

La guerre est dans l'homme, désormais.

Nuremberg l'injuste. Les assassins sont absents. Quelques-uns d'entre eux sur les sièges des juges.

Cette ombre se répand loin.

Guerres de libération nationale, luttes contre l'impérialisme et le colonialisme dans tout le tiers monde. Il est très clairement question du Viêt-nam, où la paix est dite très lointaine. Le prophète, très justement, dit qu'à la place des Français viendront les Américains et que, même si elle est lointaine, la victoire arrivera.

Autre victoire annoncée : celle de Mao Tsé-toung. Avec lui, une lumière radieuse, au point que le prophète affirme qu'avec sa pensée le monde pourra connaître « un nouvel ordre des choses ».

Les États-Unis sont obligés de se battre sur de nombreux petits fronts, dans le monde entier. Et Israël renaît et vainc. Mais l'islam n'est pas moins fort ni moins grand : mais, hélas! il est divisé. Quant aux esclavagistes, ils doivent se battre plus près, parce que leurs empires s'écroulent.

La prolifération des armes nucléaires est annoncée, « clefs de la peur », une des forces qui soutiennent la guerre froide. Puis l'Europe, divisée : on parle clairement du mur de Berlin.

Et là, terrible prophétie, il est question de la mort de Staline, « dans l'ombre ». Staline assassiné ? On en parla, mais personne n'y crut. La prophétie se poursuit sur un ton sibyllin : elle affirme qu'une partie de ses assassins étaient déjà morts et que les autres, en partie, s'entretuèrent. La seconde affirmation peut avoir un

128

rapport avec les luttes internes, au Kremlin, après la mort de Staline. La première est peut-être une clef symbolique. A moins que ses assassins n'aient voulu venger leurs camarades tués par Staline. Ainsi s'expliquerait la présence de la volonté des morts dans l'action des vivants.

« Cherchez dans les eaux de la Neva », dit le texte. La prophétie fait une nouvelle allusion à ce fleuve de Russie : là devrait se cacher l'explication du mystère de la mort de Staline. A moins que la phrase ne se réfère à quelque chose d'autre que je ne réussis pas à comprendre. Il n'est même pas mentionné si la vérité sur la mort du dictateur soviétique sera, un jour ou l'autre, révélée.

Puis il est encore question des peuples sous la botte communiste, de l'Église (« Mère ») du Silence, de la chrétienté de ces peuples rendus esclaves. Mais cette civilisation chrétienne est immortelle. Elle devrait finir par vaincre.

« Celui qui a perdu la guerre la gagne aujourd'hui. » Cette phrase peut avoir plusieurs explications, mais il est difficile de dire quelle est la bonne. Il me semble qu'il s'agit de la victoire économique de pays comme le Japon, l'Allemagne et l'Italie, par rapport aux pays vainqueurs comme le Royaume-Uni ou la France, économiquement plus faibles.

Dans la phrase suivante, il est sans doute question des attentats contre le général de Gaulle. Puis, la seconde Elisabeth, nommée clairement. Et le rapport entre la première et la deuxième est accablant : la deuxième a vu s'écrouler ce que la première avait édifié. Magie des prénoms, étranges coïncidences de l'Histoire. « Aujourd'hui la mer est courte et la force est plus lointaine. » Il devrait s'agir d'une autre allusion à l'écroulement de l'empire britannique, qui a toujours tout misé sur sa flotte, aujourd'hui inutile.

« La guerre est dans l'homme, désormais. » Peut-être s'agit-il là d'une référence à l'angoisse de l'homme moderne, à ses luttes internes devant les événements précipités, devant l'effondrement des valeurs que l'on croyait de granit, face à la transformation violente, agressive, de la société, de ses structures, des États, des lois, de la morale. L'homme vit un grand conflit avec lui-même, pour trouver sa vraie dimension.

« Nuremberg l'injuste. » Une grande partie de ce qui est arrivé, dit le prophète, est dû à l'injustice de Nuremberg. Mais peut-être faut-il lire dans Nuremberg tout ce qui, depuis les traités de paix jusqu'à Yalta, a tenté de mettre de l'ordre dans un monde détruit, ne tenant compte que des seules lois du pouvoir, du profit, de l'exploitation. Les vrais assassins auraient été absents de Nuremberg mais, de plus, quelques-uns des grands criminels avaient pris la place des juges.

« Cette ombre se répand au loin » est la conclusion désespérante de cette partie de la prophétie. Le prophète est revenu souvent sur ce même thème. L'humanité devra payer longtemps les erreurs des puissants. Longtemps souffrir à cause des criminels de guerre laissés en liberté. Les vrais coupables, insiste le prophète, sont libres. Et leurs complices sont toujours puissants, ils ont toujours les mains libres pour mettre en œuvre de nouveaux plans criminels.

Hommes et coups de feu. En Europe chefs d'État et adversaires. Quelqu'un tombera.

Sept veuves sont prêtes à l'autel, elles attendent les époux.

Au sud de Luther agitations et armes et peuples en cris. Le fils du soleil s'en ira plusieurs fois. Mais ici Mammon commande et Dieu n'est que dans les mots. L'homme sans cheveux, le paysan, sourit à l'Orient. Mais son sourire est un rictus, parce que beaucoup souffrent et meurent à cause de lui. Il abattra le géant, mais il restera petit.

Une famille de dictateurs prendra le pouvoir sur la terre des fils de Luther. Elle versera le sang.

C'est alors que Noé commencera à construire l'ultime Arche. Mais elle ne connaîtra pas les eaux, grâce à la parole de celui qu'on ne connaît pas mais qui fait trembler les puissants quand il descend de la montagne.

Le président tombera, tombera son frère. Entre eux le cadavre de l'étoile innocente.

Il y en a qui savent. Demandez à la première veuve noire et à l'homme qui la conduira sur l'île à l'autel.

Leurs secrets sont dans les armes, dans le crime. Et ce sont les secrets de celui qui n'était pas à Nuremberg.

A trois ils tireront sur le président. Le

troisième sera parmi les trois qui frapperont le
second.
Luther mourra et ce sera bien. Derrière lui,
l'ombre de qui a déjà tué. Sa voix mentait.
Le monde ne connaît pas de fleurs.

La première phrase relate les attentats dont sont victimes des chefs d'État et des personnages politiques, parmi lesquels de Gaulle et Togliatti. « Sept veuves sont prêtes à l'autel, elles attendent les époux » : peut-être est-ce là une allusion à sept grands attentats politiques, avec sept victimes. Il est possible aussi que la phrase cache quelque autre révélation. En tout cas, le prophète reviendra sur ce thème.

L'Amérique du Sud, avec ses agitations politiques, ses complots, ses coups d'État. Je crois pouvoir dire que la figure qui correspond à l'image du « fils du soleil » est celle de Juan Domingo Peron qui quitta deux fois l'Argentine. Toujours par rapport à cette partie du monde, le texte dit que ceux qui commandent là-bas sont des hommes qui parlent de Dieu mais dans le vide, seulement pour spéculer. En réalité, seul le grand capital détient le pouvoir, et le tout est orchestré par les États-Unis.

Le personnage qui suit devrait être Nikita Khrouchtchev, dont le prophète décrit l'apparente bonhomie contrastant avec les crimes qu'on continue de commettre en Orient, sous son gouvernement. Depuis les révoltes socialistes étouffées dans un bain de sang, jusqu'à l'oppression des peuples. « Il abattra le géant, mais il restera petit » : il s'agit sûrement de l'opération de déstalinisation, dans le rapport Khrouchtchev, qui a réussi à faire s'écrouler le mythe de Staline. Mais cet acte n'a pas réussi à faire de son auteur un grand homme, il est jugé comme un médiocre.

Aux États-Unis, la famille de dictateurs devrait être celle des Kennedy. Il est dit que, pour conquérir le pouvoir, beaucoup de sang fut versé avant et pendant leur règne.

« C'est alors que Noé commencera à construire l'ultime Arche. » A cause de cet événement, un immense péril est à craindre pour l'humanité. Peut-être une guerre mondiale, peut-être un cataclysme pire que le déluge, puisque l'Arche dont il est question est qualifiée d' « ultime ». On peut soit penser à la guerre du Viêt-nam, soit au débarquement de la baie des Cochons, soit au très dangereux affrontement entre Kennedy et Khrouchtchev, lors de l'affaire de Cuba qui risqua de provoquer la guerre atomique.

Je n'ai pas réussi à comprendre à qui se rapporte le paragraphe suivant de la prophétie : « Mais elle ne connaîtra pas les eaux (une seule chose est claire : la paix sera sauvée), grâce à la parole de celui qu'on ne connaît pas mais qui fait trembler les puissants quand il descend de la montagne. » Peut-être s'agit-il d'une intervention divine, ou d'un personnage impossible à découvrir ?

Puis la mort des deux frères Kennedy est annoncée. « Entre eux le cadavre de l'étoile innocente. » Mêlées à ces attentats, il y eut d'autres morts mais le mot « étoile » peut faire supposer qu'il s'agit d'une actrice, donc de Marilyn Monroe. Les thèses selon lesquelles la fameuse actrice aurait été assassinée, et était liée au clan Kennedy, sont de plus en plus nombreuses. Mais il peut s'agir d'autre chose.

Puis le prophète nous dit comment tout peut être expliqué dans le meurtre des Kennedy. Celui qui sait est figuré par la « première veuve noire » et « l'homme qui la conduira sur l'île à l'autel ». Jacqueline, veuve de John Kennedy, épousa Onassis sur une île, Skorpios. Onassis, on le sait, est mort. Se peut-il que sa veuve sache vraiment quelque chose de fondamental sur les attentats qui coûtèrent la vie à son ex-mari et à son ex-beau-frère ? S'il en est ainsi, pourquoi se tait-elle ? Et quel est le lien secret entre ces faits, qui l'unissaient au second mari disparu ? Hypothèse déconcertante. Surtout si l'on pense qu'elle fut dictée en 1935.

« Leurs secrets sont dans les armes, dans le crime. Et ce sont les secrets de celui qui n'était pas à Nuremberg. » Alors que la première phrase est une accusation violente contre Jacqueline Kennedy et Aristote Onassis, la seconde remet en scène les forces du mal, des personnages qui se sont sauvés au moment de la défaite du fascisme et qui agissent encore dans le monde. Quels sont les liens entre tous ces faits ?

Le mystère se poursuit. Selon le texte, les assassins de John Kennedy étaient au nombre de trois. L'un d'eux, avec deux autres personnes, aurait participé aussi à l'attentat contre son frère, Bob.

Nous voici devant un autre crime atroce : l'assassinat de Martin Luther King. Pour le prophète, sa mort a été un bien : « Derrière lui, l'ombre de qui a déjà tué. Sa voix mentait. » L'explication est par trop évidente, mais elle peut masquer d'autres allusions qui m'échappent. Peut-être est-ce lié au meurtre des frères Kennedy ? Le jugement sur Martin Luther King n'en reste pas moins très dur.

La phrase qui conclut la prophétie insiste sur le moment dramatique qu'a connu le monde à cette époque-là.

Les deux chefs rouges se rencontrent, au nom de l'humanité. Sur la terre céleste il y a la voix de celui qui aime le monde et parle pour les faibles. Le petit homme utilise la force, il tue le printemps. Et ceux qui le suivront le feront toujours.

On parlera de fausse paix, mais les armes seront toujours cachées. Dans le ciel voleront des hommes, et les hommes s'enthousiasmeront. Ils devraient trembler, parce que c'est le mal qui a conquis le ciel, pour frapper la terre.

Dieu a fui, disent-ils. Dieu est mort. Il s'est caché dans le cœur des jeunes. Et il reviendra pour vaincre, quand les villes et les terres se seront elles-mêmes consumées, pour redonner valeur à la vie. Il viendra de la terre pour détruire le ciment.

Israël qui souffres et luttes, pas moins que qui te donne l'assaut et ne sait partager ta souffrance. Vous êtes frères, quelqu'un vous pousse à la lutte en se tenant caché. Ici se décide le destin du monde.

Et dans le palais où s'embrassent les États, le fugitif de la tanière est bien vivant. Du palais, la haine pour Israël. Et ce sera un signe de ruine.

Homme qui es monté sur la lune, regarde-toi : maintenant tu la possèdes, mais reflétée dans une boue apparente. Heurt entre deux jeunesses. La silencieuse vaincra et le temps travaille pour la foi.

Sur le monde qui frémit, vents chauds et froids, tempêtes sociales. Sang sous Luther, sang sur la terre catholique usurpée, dans les pays voisins.

Le conflit sino-soviétique, déjà prévu par le prophète, atteint ici sa dimension dramatique. Angelo Roncalli ne cache pas ses sympathies, sa solidarité avec le peuple chinois et le président Mao Tsé-toung. Il souligne la cruauté de Khrouchtchev contre les peuples qui se révoltent et rêvent d'un socialisme à visage humain. Même ses successeurs, écrit le prophète, suivront son exemple sanguinaire.

La phrase suivante fait allusion à la pseudo-détente qui cacherait en réalité les intentions armées, le désir de conquêtes du pouvoir. Et nous voici à l'ère spatiale : l'homme est ravi par ces conquêtes qui devraient être scientifiques, mais le prophète le met en garde. Il ne doit pas se réjouir mais trembler. L'interprétation la plus correcte de ces lignes me semble l'affirmation que les conquêtes spatiales cachent surtout des expérimentations et des intentions belliqueuses, en plaçant des armes tout autour de l'orbite terrestre. «C'est le mal qui a conquis le ciel, pour frapper la terre.» Du ciel, donc, par suite des expériences spatiales et de l'envol d'êtres humains dans l'espace, pourrait venir le plus grand danger pour l'humanité.

L'époque que nous avons vécue et que nous vivons encore, matérialiste, de consommation, de dégradation pour l'homme, fait dire que Dieu est mort. Au contraire, il est caché dans le cœur des jeunes. Ce sont les nouvelles générations qui apporteront la rédemption. Le texte est plus que clair : notre type de civilisation se consumera tout seul. Les grandes crises énergétiques, économiques, sociales, ne sont que l'ultime avertissement. Le monde ne peut avoir comme seule base la valeur dégradante de la consommation : il finira par détruire cette idéologie païenne — païenne puisque, par essence, elle n'est destinée qu'à la consommation. Alors, la civilisation vaincra, grâce aux jeunes qui ont gardé Dieu dans leur cœur, l'ont redécouvert dans son repaire secret. « Il viendra de la terre pour détruire le ciment. » Une idée que le prophète avait déjà avancée ailleurs, presque dans les mêmes termes. Il est certain, que, comme certaines prophéties qui se sont vérifiées dans le passé, s'il doit y en avoir d'autres dans le futur, celle-ci sera du nombre.

Israël, son drame, les guerres et les guérillas. Pitié pour les souffrances d'Israël, mais aussi pour celles des pays arabes. «Vous êtes frères, quelqu'un vous pousse à la lutte en se tenant caché.» Nouvelle accusation portée contre l'orchestration des sentiments des masses, au nom de la spéculation politique et économique.

« Ici se décide le destin du monde. » Justement au Proche-Orient, le prophète décèle un des points les plus inquiétants pour l'équilibre mondial, un drame toujours latent, qui peut entraîner des conséquences graves, irréparables. Le «destin», pourtant, peut aussi en décider autrement — si j'ai bien interprété. En tout cas c'est dans cette région que se joue le destin du monde, pour le bien ou pour le mal. Il peut en résulter des horreurs comme de grands bénéfices.

Le spectre du «fugitif de la tanière» reparaît. Le texte prophétique insiste d'ailleurs continuellement là-dessus. Le vrai coupable, qui aurait dû s'asseoir au banc des accusés à Nuremberg, serait à l'intérieur des Nations Unies. Il y a là une allusion au vote de condamnation du

137

sionisme à l'O.N.U. «Et ce sera un signe de ruine.» Indubitablement, l'antisémitisme d'aujourd'hui serait exacerbé et suscité par les mêmes personnages qu'hier. Dans l'ombre sous Hitler, dans l'ombre aujourd'hui, là sont les vrais ennemis de l'humanité, protégés par de monstrueuses complicités politico-économiques.

Et nous sommes au fond du gouffre. «Homme qui es monté sur la lune» (le prophète prévoit aussi le débarquement du satellite), «regarde-toi : maintenant tu la possèdes, mais reflétée dans une boue apparente.» Nous avons attaqué le ciel, mais nous avons abruti le monde. Nous avons cherché à nous élever, et nous sommes tombés bien bas, toujours plus bas. Notre lune, que nous croyions avoir gagnée, est dans la boue. Haine, racisme, guerre dans plusieurs parties du monde, désordre social, exploitation de l'homme par l'homme, capitalisme, lutte des classes, peuples civilisés soumis au pouvoir bureaucratique, violence croissante, tout, dans cette époque que nous vivons, a poussé l'homme à se refléter dans la boue. Mais il faut garder l'espoir, dit le prophète. Il faut même en être convaincu : «Le temps travaille pour la foi.» Auparavant, en parlant des heurts entre deux jeunesses, il a voulu dire toutes les impatiences juvéniles, les luttes étudiantes, la rébellion sociale des classes les plus jeunes. Il est symptomatique qu'il ait parlé de «deux jeunesses», car la lutte des jeunes, aujourd'hui, n'est plus tant dirigée contre les générations plus âgées que contre celles qui leur sont plus proches, d'autres groupes de jeunes aussi. Ces nuances déconcertent, dans un texte de 1935. Elles dépassent la prophétie et arrivent à des subtilités rarement enregistrées dans n'importe quel type de prophétie.

Encore des luttes dans le monde, surtout sur un plan social. Révolutions, coups d'État, agitations au sud de Luther, en Amérique du Sud. Il est inutile de dresser la liste des événements que connaissent ces pays. Mais il y aura aussi du sang dans la «terre catholique usurpée», l'Espagne. Les meurtres, les conflits, nous les connaissons. Même ceux des pays voisins — le Portugal par exemple. Et nous avons déjà un œil dans le futur.

Grand éclair à l'Orient. Vous n'entendrez pas le tonnerre, lui aussi sera imprévu.

Ceci arrivera quand en Orient sera mort un chef et en Occident, sera tué un chef. Au sud de Luther.

Refusez les assassins qui se présenteront, refusez ceux qui seront présentés. Les assassins sont en Europe. Ils veulent la Méditerranée. Puis il y aura le meurtre sans assassin.

Le temps a nourri un esprit trouble, à l'ombre de la croix rouge et noir, inconnue de tous, fille des fugitifs de Nuremberg.

Elle a ourdi le crime contre elle-même. Il y en a qui renoncent à la vie, par amour du mal.

La terre frisera le massacre. Un seul mourra pour tous et il était le meilleur.

Ce n'est pas le temps d'un roi, ce ne l'a jamais été. Depuis la mort de Frédéric, chaque roi est usurpateur. Que le roi s'en aille, reste le peuple. L'Europe a soif, elle aura du sang dans les rues.

Mais aussi de grandes processions et la Vierge Heureuse descendra sur terre. Vous ne la verrez pas dans la grotte, mais dans un cœur qui revivra. Depuis les ténèbres, elle apportera la parole que tous comprendront.

C'est le temps des lettres.

Quelque chose d'imprévu, de très grave certainement, arrivera en Orient. Il ne doit s'agir ni de la Russie ni de la Chine, mais d'un de ces pays limitrophes, car les deux grands pays sont plus clairement décrits par le prophète. Un éclair, donc une fulguration, suivi d'un coup de tonnerre. Quelque chose de particulièrement menaçant, donc, devrait arriver après la mort de deux chefs, donc de deux hommes d'État, l'un en Orient, l'autre en Occident. Ce dernier sera d'ailleurs assassiné. Il ne s'agit pas nécessairement de chefs à leur poste, les événements peuvent fort bien arriver au cours d'un voyage, surtout l'attentat que le prophète voit «au sud de Luther», en Amérique latine.

A ce point de la prophétie, comme cela arrive très souvent en pareil cas, une mise en garde : ceux qui se dénonceront ne seront pas les véritables assassins, ni ceux que les autorités ou l'opinion publique accuseront par la suite.

«Le temps a nourri un esprit trouble, à l'ombre de la croix rouge et noir, inconnue de tous, fille des fugitifs de Nuremberg. »

La revoilà, cette menace que font peser ceux qui n'ont pas été traînés à Nuremberg, les vrais coupables, cachés ou en fuite. Les survivants du nazisme ont préparé des plans, et des hommes — un en particulier, responsable des crimes déjà détaillés.

Et le complot, parce qu'il faut bien parler de complot, doit être lié à des hommes et des mouvements politiques et sociaux plus récents ; l'hérédité des «fugitifs de Nuremberg» encourage une action contre l'Homme, dont la portée dépasse de loin tout ce que nous pouvons imaginer.

Ces forces ont forgé des personnalités bizarres, capables de se frapper elles-mêmes, de sacrifier leur vie pour exécuter leurs desseins, selon la ligne décidée par le mal. «La terre frisera le massacre», mais un homme se sacrifiera, qui est ici jugé le meilleur de tous. Sa mort, celle d'un innocent, d'un personnage qu'il nous est impossible de découvrir (peut-être le pape), sauvera l'humanité de la catastrophe. Ce n'est pas la première fois que l'Histoire connaît de semblables événements.

Tout de suite après, il est question d'une monarchie en Europe, soit déjà en place, soit en pleine restauration. De toute façon, elle est appelée à s'écrouler : ce n'est plus l'heure des rois. Dans les phrases qui suivent, le prophète va faire une véritable démonstration de connaissance ésotérique, en se référant directement à la tradition occidentale, précisément à celle du Graal : depuis la mort de Frédéric, tout roi est un usurpateur. La figure du roi, en fait, selon cette authentique tradition, n'est pas celle des monarques que nous connaissons, des rois des derniers siècles, tous usurpateurs d'une figure impériale, symbolisée dans sa dernière incarnation, Frédéric Barberousse, non pas dominateur mais conciliateur du monde, comme le fut le roi Artus, fondateur de l'ordre initiatique-monastique-chevaleresque de la Table ronde.

Déchue, cette figure du monarque esclave des esclaves, justement parce qu'il est élu à la grâce de Dieu, qui tendait seulement à aplanir les discordes et à porter la paix parmi les peuples, les rois qui ont suivi ont tous été des usurpateurs, donc des despotes, sur lesquels s'est abattue, entre autres, la malédiction des Templiers, toujours clef symbolique. Et sûrement pas, comme on le pense superficiellement, vengeance du sang sur des familles, des dynasties ou des personnes. La voie ésotérique ne connaît pas les vengeances temporelles, elle a seulement un grand plan de bonté qui doit être le chemin qui mène à Dieu.

Ce roi de la prophétie s'en ira et le peuple se gouvernera lui-même. Mais il devrait s'ensuivre des désordres, des insurrections, peut-être même le déchaînement d'une réaction qui ensanglantera toutes les routes d'Europe. «L'Europe a soif», dit d'ailleurs le texte, il se peut qu'il soit question, là, de quelque calamité, peut-être une famine, ou une sécheresse, à moins qu'il ne s'agisse d'une «soif» de liberté et de justice.

Le monde devrait en même temps connaître un grand réveil religieux, il est question ici de processions, d'une apparition de la Vierge Marie. «Vous ne la verrez pas dans la grotte, mais dans un cœur qui revivra.» La prophétie pourrait laisser entendre que l'apparition ne sera pas ordinaire, traditionnelle, mais plutôt d'ordre traumatique : peut-être s'agit-il ici d'un fabuleux succès médical, ou du retour de quelqu'un que l'on croyait disparu et qui témoignera de choses capables de renverser le monde et de le toucher au plus profond de sa sensibilité religieuse. «Depuis les ténèbres, elle apportera la parole que tous comprendront.» La révélation de Marie, faite d'une façon totalement nouvelle, viendra des ténèbres, ou même d'une expression du mal : en tout cas, elle sera si forte et si claire que personne ne pourra rester insensible.

«C'est le temps des lettres.»

Si nous nous appuyons sur ce que nous avons déjà vu dans ce texte, on peut penser qu'en cette période apparaîtront des documents secrets, gardés cachés depuis longtemps et qui résoudront une grande énigme. Nous ne savons de quelles lettres il s'agit, mais, à notre avis, il ne peut y avoir que quelques explications : ou ces lettres concernent le meurtre de Kennedy, ou ce sont celles qui ont un rapport avec la mort d'Italo Balbo, ou, enfin, c'est le fameux dossier Churchill. A moins que ces documents ne fassent allusion à un événement du présent ou du futur. En tout cas, il est, d'après moi, exclu que ces lettres aient un quelconque rapport avec la littérature ou même un fait littéraire retentissant.

Alexandrie est la terre du Concile du monde et ici se rassemblent ceux qui croient en l'homme. Christ est homme parce que Dieu. On se prépare à la grande lutte de l'esprit contre celui qui le nie.

Toi Marcus, tu ne pourras rien de loin et tu ne sauras pas diviser, ton couteau est léger mais trop effilé. La lumière de la rencontre de paix se réfléchit, le reconnaît, le met en pièces.

Israël qui trouves en ces jours une nouvelle terre autour de la cité aux toits d'or. Il est temps de laver le sang de tes enfants. Israël accourt dans la cité et la sauve. Finalement, l'étoile a six pointes.

L'homme seul sur les rives de la Neva parle au monde et se tue. Dieu aura pitié de lui, qui le créa pour cet instant. Ces paroles seront recueillies, elles seront rosaire.

Et d'autres près de la Neva tueront. Aujourd'hui, du fleuve finalement intact, sort le corps jamais retrouvé du moine saint. Et ses fils secrets, priant dans le sépulcre, se compteront. Ils regarderont vers la cité aux toits d'or et leur prophète mort dans la Neva, l'ultime parole aux lèvres, sera écouté partout où le drapeau est rouge.

Deux séries de prophéties, dans ce passage, bien précises. La première concerne un concile, non pas de l'Église catholique mais de tous les mouvements spirituels du monde. Ceux qui travaillent pour le bien de l'homme, pour une unité contre les forces coalisées dans la lutte contre l'homme. Le texte, en fait, annonce très clairement la «grande lutte de l'esprit contre celui qui le nie».

Là, un mystérieux personnage, nommé Marcus dans le texte, est mis en cause. Il essaie, de loin, de bouleverser les travaux de cette assemblée en frappant et en divisant. Mais il n'y réussira pas, ses intentions seront dévoilées, ses desseins démasqués et arrêtés avant qu'il ait pu agir.

C'est ensuite au tour d'Israël. La prophétie est pour le moins déconcertante. La cité aux toits d'or est sûrement Prague, et Israël devrait trouver là une nouvelle terre. Le texte laisse entendre qu'une révolte des pays de l'Est aura lieu, en Tchécoslovaquie surtout, qui entraînera une intervention militaire des Israéliens. « Il est temps de laver le sang de tes enfants. Israël accourt dans la cité et la sauve. » Prague, sans doute, et une révolution qui mènera les juifs à venger dans Prague un affront à la civilisation. Ils réussiront, comme le dit la phrase suivante qui annonce la victoire : «Finalement, l'étoile a six pointes.»

Autre fait éclatant, un grand personnage, peut-être un persécuté, un philosophe ou un artiste, ou un homme politique, se suicidera en Russie («sur les rives de la Neva») et laissera au monde un message qui le bouleversera. Ce message sera écouté partout, il frappera et secouera toutes les consciences civilisées. Et Moscou, pour cet événement, connaîtra des soulèvements, des crimes, des révoltes.

La prophétie qui suit est tout à fait extraordinaire, car le fameux moine saint ne peut être que le célèbre thaumaturge, Raspoutine, qui mourut, précipité dans la Néva par le prince Yussupoff. Ce dernier avait tout essayé : une dose massive de poison, des coups de barre et de pistolet. Il jeta le corps encore vivant dans le fleuve, où il fut retrouvé au milieu des glaces. Nombreux sont ceux qui pensent que Raspoutine n'était pas mort et que le cadavre repêché dans le fleuve était celui d'un inconnu. Les enfants secrets de Raspoutine — il y a ici une allusion très nette à la tanière, c'est-à-dire au lieu et au symbolisme des réunions ésotériques de la «Secte des Chlystes et des Amis de Dieu», cette organisation initiatique orthodoxe, dont Raspoutine fit partie et devint le représentant occulte et le vrai maître — ces fils secrets, donc, pourraient être les initiés, ralliés à l'Église orthodoxe très présente dans la réalité populaire de la Russie et des autres pays satellites.

Il est difficile de donner un ordre aux événements mais il est possible de savoir ce qui va se passer. L'homme qui se suicide en Russie sera un exemple, il deviendra le flambeau qui déchaînera tout le grand mouvement populaire religieux de la révolte et les chrétiens de la Russie suivront l'exemple de Prague et commenceront à lutter pour leurs libertés religieuses. Le message lancé du fond de la Néva sera rattaché aux antiques vérités et traditions, peut-être sera-t-il poussé par un mouvement initiatique lié à Raspoutine dont on a dit tant de choses, mais qui ne fut pas le monstre que l'on pense communément. De toute façon, cette réalité se répandra dans tous les pays communistes, partout où le drapeau est rouge.

A l'Orient azur, un nouveau soleil, sur la terre azur et antique sera découverte la tombe du premier empereur choisi parmi les humbles. Des chants s'élèveront et des gens en fête, fête de pauvreté et de joie, marcheront vers les terres esclaves pour les libérer avec amour. Sur le fleuve, beaucoup mourront mais les sentinelles d'un jour proche seront éternelles.

Homme de Boston, neveu du poète, grâce à toi et à ton rêve de dérision, l'arme terrible sera inoffensive. Et l'énergie soignera les maux.

De nuit, le grand enlèvement. Les deux hommes qui se croient les maîtres du monde, portés devant le tribunal sur la plus grande place du monde, devant les hommes de la terre et poursuivis par ceux qui se sont révoltés. Les hommes de science condamnés par eux à l'esclavage du pouvoir, à mettre leurs talents au service de la mort, seront les accusateurs. Puis ce sera le tour des persécutés. Terrible sera la condamnation et l'homme se retrouvera lui-même, dans l'accolade entre la science et la foi.

Les actes du procès seront le poème des gens, et les paroles seront douces pour les humbles, terribles pour les puissants orgueilleux. Les armées envoyées se sont arrêtées aux limites de la place et les hommes-soldats ont retourné leurs armes. Les armes

151

*sont vaincues ce jour-là. Celles de la terre,
celles du ciel.*

Encore la Chine, cette terre qui devrait faire apparaître
un nouvel astre, lié, semble-t-il, à la grande tradition. La
découverte de la tombe du premier empereur est en fait
une expression ésotérique qui se réfère à un lien avec la
vérité perdue réincarnée : pour le cas présent, elle se
réincarne dans le peuple. «Choisi parmi les humbles», dit
clairement le texte prophétique. L'avènement de ce chef
qui représente tout le peuple coïncidera avec une grande
action, que l'on peut imaginer être une marche de tout le
peuple chinois contre l'Union soviétique, dans l'intention
de libérer les civilisations opprimées par la bureaucratie
du Kremlin, et de rendre aux peuples frères l'amour. «Les
libérer avec amour», dit le texte.

Mais cette action, présentée comme un acte
d'embrassement, aboutira à la tragédie, il y aura des
combats et sur le fleuve, que je présume être l'Ussure,
beaucoup de Chinois mourront, «mais éternelles seront
les sentinelles d'un temps voisin». Leur mort, donc, ne
sera pas inutile, puisqu'ils serviront d'exemple à une
action nouvelle, très proche, qui devrait faire triompher
la cause pour laquelle ils s'étaient mis en route et avaient
trouvé la mort.

Nous sommes aux États-Unis, on parle d'un inventeur,
un homme de science de Boston, neveu de poète. Cet
homme, depuis longtemps, a fait une découverte qui a
soulevé les moqueries autour de lui, pour laquelle il a
même peut-être été persécuté. Mais aujourd'hui il arrive à
la notoriété, et cette nouvelle découverte est capable de
rendre inefficace «l'arme terrible». La référence peut
porter sur les armes nucléaires que nous connaissons
aujourd'hui, mais peut-être autre chose encore, de

supérieur, que nous ne connaissons pas encore. La découverte de l'homme de Boston, donc, ôtera tout leur pouvoir aux armes, ou à cette arme supérieure, et l'énergie ne servira plus qu'à la médecine. Peut-être s'agit-il vraiment de l'énergie atomique ?

Ensuite, une prophétie assez bouleversante qu'il faut prendre à la lettre, car il est difficile de penser que les allusions soient cachées.

Les peuples se rebelleront contre deux grands chefs, deux puissants, peut-être à un moment critique précédant une guerre. Les peuples n'accepteront pas d'être manipulés par ceux qui détiennent le pouvoir, peut-être justement deux dictateurs. Et ces deux personnages seront enlevés, portés sur la place la plus grande de la terre et jugés en public. L'accusation sera portée par les hommes de science qui pourraient en être les grands instigateurs ; ils sont révoltés eux aussi contre ce pouvoir qui a fait d'eux les esclaves de ses desseins. Et ces desseins coïncident rarement avec un authentique progrès de l'être humain. La prophétie est très claire quant au fait que le pouvoir a obligé les scientifiques à travailler, à «plier leur esprit» pour la mort de leurs frères. La condamnation des deux despotes sera exemplaire et cet événement unira les hommes d'une façon nouvelle, dans un embrassement que le prophète, de façon synthétique mais avec un grand souffle, capable de donner l'intuition de la réalité de cet avenir, définit comme une «accolade entre la science et la foi».

«Les actes du procès seront le poème des gens» : le fait sera vraiment exemplaire, il inspirera peut-être, outre une nouvelle législation, de nouveaux rapports entre les hommes, les États, les idéologies, des artistes et des œuvres immortelles. De toute façon, les résultats du procès donneront toujours force et courage aux humbles et seront un exemple pour les puissants de demain. La dernière partie du texte dit comment, pour défendre les deux accusés, des armées ont avancé, qui se sont arrêtées sur la place. Sans aucun doute, les soldats se sont sentis des hommes, ils ont retourné leurs armes et se sont unis aux autres rebelles au nom des valeurs humaines.

Du Sud contre Luther et les héritiers de Nuremberg, ceux qui manquaient, ceux qui s'asseyaient sur le siège des juges.

Celle qui fut colonie esclave du cuivre et du sel impose son commandement populaire. Et un saint arrivera dans la cité blanche pour dire haut, pour dire vrai.

Derrière lui, la poitrine nue, les humbles, qui porteront la justice sur la terre de Luther, hier déchirée. Les terres de l'ouest qui s'étaient rebellées, leurs hommes enfermés dans le ciment parmi les palmiers, avaient combattu. Luther avait deux chefs ennemis et divisés. De l'autre côté du petit fleuve, le commandement du peuple et l'ordre de céder au peuple qui aujourd'hui a le pouvoir de la parole, aujourd'hui que les armes sont mortes.

Luther connaîtra des luttes, des réconciliations, puis une seule parole, la plus haute, celle déjà prononcée. Et sous la statue de la première sainte, la charte de l'amour sera signée. Sur les lacs, celui qui hait attend, veut tuer et n'ose pas.

Aujourd'hui seulement finit Nuremberg.

Mais attention au visage qui sourit, et vient du Sud, plus au Sud que tous. Son cœur était toujours au Nord, il est revenu le reprendre, avec les frères noirs. Il y a encore la peur, mais dans la paix tous les hommes du haut et du bas Luther chercheront quelqu'un. Et le

jour où une femme jurera sur la Bible rénovée
sera jour de paix.

Une grande révolte populaire en Amérique latine, un mouvement de masse contre les États-Unis : l'événement provoquera la chute — peut-être même fera-t-il définitivement tomber le masque — des « héritiers de Nuremberg », soit les nazis, soit ceux qui étaient du côté des vainqueurs et avaient pris place sur les sièges des juges. Mais qui, comme le redit le prophète, auraient dû être au banc des accusés.

Un « saint », avant que cette révolte sud-américaine n'ait lieu, sera arrivé dans la ville blanche — lieu que je n'ai pas réussi à identifier mais qui doit se trouver aux États-Unis — et aura prêché, ouvert la voie au grand mouvement populaire qui le suivra. Il y aura avant tout les humbles, et leur discours sera un discours de justice.

Mais, avant cet événement, la prophétie en fait surgir d'autres, déjà arrivés. Aux États-Unis, et ceci est l'explication la plus claire, la plus simple, l'unique que j'ai réussi à vérifier, il a dû se passer auparavant de graves incidents. Peut-être une nouvelle guerre de Sécession, en tout cas une lutte à l'intérieur du pays, qui a provoqué le partage en deux des États-Unis. Peut-être, et c'est le plus plausible, à cause d'une bataille économique à l'intérieur du pays avec les États de l'ouest qui n'ont pas voulu être entraînés par Washington dans un krach politique ou économique, se sont révoltés et regroupés en une fédération, pour défendre leur économie propre.

A cause de cette révolte des terres de l'ouest, peut-être les États-Unis ont-ils même connu une guerre civile. Au moment où l'Amérique du Sud se révolte à son tour, contre les États-Unis qui les maintiennent en l'état de colonies. Et l'Amérique du Nord devient à son tour le centre d'un écroulement économique qui lui ôte tout pouvoir colonisateur ; à sa tête, deux chefs d'État, deux présidents.

« Aujourd'hui que les armes sont mortes. » En cela, peut-être, l'explication des événements qui permirent aux Sud-Américains d'avoir raison du colonialisme économique des États-Unis. Le monde en marge avancera, il y aura des conflits, des luttes, mais aussi des retrouvailles. On peut penser que si une partie des Américains, peut-être une des deux factions en lutte, s'oppose à l'invasion — invasion d'un caractère pacifique — l'autre, au contraire, lui apportera son soutien. Et ce mouvement pourrait entraîner avec lui toutes ces forces populaires, ces minorités, ces mouvements intellectuels, qui, ces derniers temps, ont si profondément secoué la conscience des États-Unis.

A la fin, c'est la paix qui vaincra et « sous la statue de la première sainte, la charte de l'amour sera signée ». La première sainte pourrait être sainte Marie Cabrini, la première béatifiée des États-Unis. Et les bases de la paix peuvent être d'ordre religieux. De toute façon, le bouleversement mènera sûrement à la rédaction d'une charte fondamentale qui prendra en considération, enfin, les exigences de tous les hommes, même de ceux qui, auparavant, étaient tenus à l'écart. On peut supposer qu'un nouvel ordre économique, plus encore que politique, sera créé, fondé peut-être sur des principes religieux primitifs, chrétiens.

Au Nord, donc, des groupes s'opposent encore au nouvel ordre et s'arment auprès des grands lacs, attendant le moment de réagir, d'abattre tout ce qui a été construit. Mais il semble que cette tentative posthume ne se réalisera pas. « Il n'ose pas », dit clairement le texte, pour ajouter aussitôt après une phrase consolante : « Aujourd'hui seulement finit Nuremberg. » Avec ces événements, enfin, la malédiction que l'humanité traîne derrière elle depuis des décennies se meurt enfin.

Il y a encore un danger, et le prophète nous met en garde. Quelqu'un qui vient du Sud, que tous croient être un homme bon, mais qui est en réalité marqué par le mal. Il a laissé son cœur au Nord, «il est revenu le reprendre, avec les frères noirs». Sur ce personnage, le texte ne donne pas d'autres détails. Il n'est pas possible non plus de savoir exactement qui sont ces «frères noirs».

La peur encore, les tensions, mais tout devrait se terminer dans une fraternelle accolade entre les peuples du Nord et du Sud de l'Amérique. Et ces retrouvailles de paix devraient se passer un jour de paix, quand «une femme jurera sur la Bible rénovée». La Bible rénovée pourrait confirmer l'hypothèse selon laquelle tout ce mouvement social serait lié aux principes du christianisme. De toute façon, une chose est certaine : une femme sera présidente des États-Unis. Et ces États pourraient réunir tout le continent américain.

A ce point des prophéties s'insèrent, dans un ordre précis, quelques phrases que je n'ai pas réussi à déchiffrer. Elles devraient sans doute concerner le futur, mais elles restent hermétiques et je suppose que, pour une bonne part, elles doivent avoir une signification ésotérique. Je me limite donc à transcrire ces passages, et à n'intervenir que lorsque existe une possibilité d'interprétation claire.

Lumière de la lumière et antique flamme
chaque espérance arrive à sa rive.
Amie rotonde défais tes cheveux, quelqu'un
tombe, ne le ramasse pas.
Le visage de la femme est homme et l'unité
n'existe pas sinon là où la glace se lève et
descend.

Peut-être s'agit-il là d'une calamité due à une quelconque altération dans la calotte glaciaire, les glaces vont peut-être rejoindre les autres mers. Et cette hypothèse peut se trouver confirmée par quelques allusions du texte qui suit :

Prométhée a rendu le feu et l'homme n'ose
plus le défier, entouré par les glaces toujours
plus hautes. Et il regarde le froid, tandis que le
chaud est en haut, ce n'est pas le soleil, c'est
l'espoir. Quelqu'un comprendra, mais il fau-
dra du temps.

Le texte qui suit, au contraire, est resté pour moi complètement impénétrable :

Madone des neiges et des steppes, enfuie
dans la nuit avec le nouveau fils, tu as vu le

noir et tu as attendu, en te réchauffant avec la
boue.

Petits vers de la terre du soleil, plomb coulé
sur les ponts de Satan.

Il n'y a pas de plomb dans la roche, ni de
fer, ni de main capable. La révolte est celle des
fous, troupeau en folie qui se révolte contre
lui-même et cherche dans le soleil le cimetière
des pères.

Là il y a des os, et un seul visage intact
blanc dans le sourire.

La tête de l'île Égée aujourd'hui parle.

Seule cette dernière phrase est liée à l'ésotérisme, même si ce n'est pas tout à fait certain. L'île d'Égée pourrait être celle de Lesbos, où, selon la tradition ésotérique d'Orphée, la tête du grand maître du même nom fut conservée. Même détachée du corps, la tête parlait encore quand elle fut interrogée par ces initiés qui avaient atteint la pénétration des mystères orphéens. Mais la phrase reste très isolée, sans aucun lien avec ce qui suit :

Je dis vos prénoms, parce que vous ne
pourrez vous cacher quand vous serez appelés.
Wang, Levi, Rustov, Sherman, Tour.
Léonard sera au-dessus de vous, maître et
frère, maître et esclave. Unis donc avant le
passage noir.

Ce passage aurait une explication, selon la tradition ésotérique, mais on ne peut y déceler une réalité future.

Gog et Magog se disputent son nom, mais
ils connaissent tous deux le passage, au-
jourd'hui que le Calvaire est retourné.
Mais la croix n'est pas prête.

Gog et Magog, les villes des terres noires, selon la
tradition, celles du mal contre lesquelles lutta le moine
Jean, chef du pays invisible, sont destinées à donner
naissance à l'Antéchrist, la figure qui est toujours
présente dans tous les textes prophétiques, surtout dans
l'Apocalypse de saint Jean. « Aujourd'hui que le Calvaire
est retourné » peut en effet suggérer l'idée de l'Antéchrist,
mais son avènement est peut-être aussi prématuré parce
que la croix n'est pas prête. Toujours selon la tradition,
en effet, après trois ans de triomphe, l'Antéchrist devrait
être crucifié.

Je vous ai appelés, d'autres vous appel-
leront.
Sept fois sept fois sept fois.
La première lumière est posée dans la main
et la septième encore dans la main. Des autres,
vous connaissez la caverne rouge.
Ouvrez, ouvrez, rien ne doit être caché
aujourd'hui. L'obscurité a déjà dévoré sa part.

Le texte suivant, empli de références prophétiques que
je n'ai pas su déchiffrer, est écrit sous une forme
poétique. C'est une prière intense, acte spontané
d'Angelo Roncalli devant le grand danger qu'il voit pour
l'humanité. Et humblement, il prie. Je reproduis cette
poésie pour sa haute valeur littéraire, remarquable pour
l'époque où le texte a été écrit.

161

Tu fus appelée mère une fois, quand tu ne le savais pas, mère sur l'autel, mère de qui tu fus fille, humble reine. Aujourd'hui tes fils ne t'appellent pas mère parce qu'ils sont tes fils et qu'ils ne savent pas serrer des chaînes sur les yeux et ont la langue coupée par trop de soleil.

Tu as une couronne de prières non prononcées, tu serres un rosaire de vœux secrets. Si tu ouvres les mains blessées, ô combien blessées, avant le Golgotha avant le Fils, quelque chose tombe toujours et toujours sourit.

Tu ramasses invisible une autre couronne des prières des humbles et des muets pour ceux qui aujourd'hui ne savent pas prier, tu sais la chaîne qui unit les gens, tu sais combien le père paie pour le fils et combien il en coûte d'être une mère reniée.

Si ces fils disent je n'ai pas de mère, mère je ne te reconnais pas, quelqu'un l'a dit avant eux, avec un ton différent sans te regarder. C'était ton père, c'était ton fils et on ne parla pas de pardon entre vous.

Tu sais pardonner donc sans le mot et ta blessure est déjà si grande que rien ne peut la blesser davantage, rien qui vient des fils.

Aujourd'hui tes fils sont vieux et fatigués et les vieux rêvent tous qu'ils sont orphelins, ceci est seulement un rêve, humble reine, et toi tu peux colorer les rêves de fleurs.

Donne à chaque fils une fleur quel que soit son grabat et fais-la tomber avant le réveil, je te prie. Et avec leurs yeux neufs sur cette fleur les fils d'aujourd'hui s'en trouveront consolés. Ils te chanteront, mère, avec la même voix.

Ces fleurs retourneront au ciel réchauffées et ton ciel explosera dans le jour de couleur. Paix sur la terre et les vieux seront jeunes. Les jeunes ne sont jamais orphelins, sauf dans la douleur.

Aujourd'hui, prie, humble reine, pour qui te prie.

L'homme à la tunique jaune, au crâne chauve, à la peau noire, fils du Léopard, sèmera la terreur, entraînant dans le voyage du massacre les peuples de la faim.

Il tombera où se termine l'Afrique, puis la marée montera et il n'y aura plus de Blancs sur ces terres à part les renégats.

Une idole haute sept fois l'homme à la tunique jaune sera élevée. Les honneurs du monde qui a peur arriveront jusqu'à elle.

Mais de l'Orient la foudre en plein jour, quand l'idole sera abattue et les mangeurs de cœurs se seront dispersés.

Quand l'Islam sera divisé, et les fils de Mahomet lutteront contre les fils de Fatima, les plus secrets, de l'Asie en flammes, parmi ces derniers, avec un nouveau visage, l'homme à la tunique jaune sera reconnu. Les fils de Mahomet vaincront, le nom de Fatima sera reconsacré, et le sang du cruel baignera le désert.

De la petite île de la Méditerranée partira le cri du nouveau chevalier. Et les bateaux aux fausses bannières seront coulés. Le premier jour d'Europe.

Massacres en Afrique du Sud, massacres qui s'étendront rapidement au reste du continent noir. Des populations entières y participeront, conduites par un chef que le texte décrit particulièrement bien, le définissant «fils du Léopard»: cette définition pourrait nous aider à mieux l'identifier, mais les explications sont multiples : s'agit-il de la fameuse secte secrète du Léopard? du nom de quelque tribu? ou peut-être, plus simplement, d'une quelconque religion tribale, restaurée par «l'homme à la tunique jaune»?

Cette dernière hypothèse me semble être la plus plausible. Quand les masses conduites par l'homme au crâne rasé auront exterminé tous les Blancs dans cette partie de l'Afrique, on parle d'une idole qui sera élevée. Je n'ai pas réussi à déchiffrer la référence ésotérique «haute sept fois l'homme à la tunique jaune», qui devrait expliquer soit l'origine du culte, soit la personnalité même de ce grand meneur. De partout, on témoignera reconnaissance et honneurs à ce culte. Mais la prophétie laisse entendre que ces honneurs sont dictés non pas par une conviction profonde mais par la peur des différents gouvernements. Sans aucun doute, donc, le mouvement idéologique et religieux qui a déchaîné les massacres doit détenir de puissantes armes qui empêchent les peuples civilisés de prendre leur revanche.

La réaction viendra d'Orient, imprévue («la foudre en plein jour»). Le texte n'est pas clair : sera-ce cette réaction qui abattra l'idole et ses partisans, ou les deux événements arriveront-ils en même temps? Sans doute le premier motivera-t-il le second.

Tout de suite après, une nouvelle guerre éclate, une nouvelle révolution, cette fois-ci dans le nord de l'Afrique et même peut-être dans les Balkans. Une guerre intérieure au monde de l'islam. L'origine devrait être purement religieuse, parce qu'il est ici question des fils de Mahomet et de ceux de Fatima. Fatima est le prénom de la célèbre fille du Prophète. La complexité des divisions sectaires à l'intérieur du monde musulman ne nous

166

permet pas de préciser pourquoi cette guerre a lieu, qui doit pourtant être liée à la tradition même de l'islam. En tout cas, il est certain que dans le conflit tous les pays musulmans seront impliqués, même ceux d'Asie, en particulier le Bangla-Desh, où existent beaucoup de sectes islamiques non orthodoxes, qui se réfèrent au culte de Fatima. « Les plus secrets », dit justement le prophète à propos des fils de Fatima en Asie, et effectivement il existe aussi des sectes secrètes qui suivent l'enseignement de Fatima sur ce continent. La fameuse secte des Thugs, dont on dit à tort qu'ils adorent la déesse indienne Kali, sont en réalité musulmans et ont incarné Fatima, fille du Prophète, dans leur Kali. Au cours des siècles, la dégénérescence a atteint des limites incontrôlables.

Dans le groupe de Fatima, l'asiatique, dit le texte, au « nouveau visage », agira l'homme à la tunique jaune qui a déjà semé la guerre et les exterminations en Afrique. Mais il sera démasqué. Alors, les musulmans orthodoxes, fils de Mahomet, vaincront et le nom de Fatima sera réintégré dans la plus pure orthodoxie islamique et l'homme à la tunique jaune mourra.

Puis une autre prophétie sur « la petite île de la Méditerranée », sans doute Malte si l'on se réfère au cri du chevalier. Je ne sais pas qui est ce personnage, mais, en quelques mots, le discours du prophète est d'une amplitude incroyable. Il ne s'est pas étendu sur le sujet, sans doute parce que tous les événements sont graves et importants.

On peut penser que la Méditerranée tout entière sera dans une situation conflictuelle. Avec la présence de flottes ennemies qui se disputent les zones d'influence, les ports, les bases, les passages maritimes, les marchés possibles et, sans aucun doute, les positions stratégiques militaires. L'Europe devrait rester passive dans cette

167

affaire, et on peut s'imaginer que seules les grandes puissances feront partie des luttes.

La petite Malte pourrait bien se révolter contre cette situation, par la voix de son chef («le cri du nouveau chevalier»). Il y aura une grande réaction, nous ne savons quelles forces entreront en jeu, mais, en tout cas, les flottes des grandes puissances seront détruites.

«Le premier jour d'Europe.» C'est la phrase, riche de promesses et au souffle puissant, qui termine cette prophétie. A peine l'événement est-il décrit que déjà s'annonce la naissance de la nation européenne. Ou, si elle est déjà formée, cette Europe connaîtra enfin son identification politique authentique. Et ce jour arrivera en même temps que «les bateaux aux fausses bannières» seront détruits en Méditerranée: ces États-Unis d'Europe, cette nation européenne dont on parle tant aujourd'hui mais qui n'est que le rêve de ceux que l'on s'obstine à appeler des utopistes.

Abraham tu es revenu de la montagne et tu as ramené ton fils vivant.

La montagne d'Italie ne veut plus du sang de ses bien-aimés. C'est la troisième Italie.

Les cartes sont hors du temps, la femme est morte, les prénoms ont été donnés. Deux Italie ont dû mourir pour nettoyer le passé. Et les cendres ne sont jamais assez importantes.

Tous ont avoué, sauf celui qui s'est tué et celui qui a été tué. Mais les assassins ont été pris un à un.

Abraham est sur cette terre où depuis longtemps le soleil s'est obscurci, où le Père de la Mère a marché dans le sang des rues de Rome, le premier jour.

Aujourd'hui Rome n'a plus ce nom.

C'est un souvenir et ses palais sont au Nord. Ici les ruines, ruines des hommes et des choses.

Abraham est fils et père de l'Europe et ses frères sont ici.

Sept chefs tués sur sept collines, avant la troisième Italie. Rebelle, ultime rebelle à l'Europe, liée par Sévère aux drapeaux rouges.

Le serment secret sur le Janicule, le complot, puis le vent de la liberté. Frères parmi les frères.

Quelqu'un pleure et prie dans la petite maison de Lorette. Le monde l'entend chaque nuit.

Cette prophétie est entièrement consacrée à l'Italie et l'on y trouve une explication, même si elle n'est que partielle, à des signes déjà annoncés dans des textes précédents qui, jusque-là, étaient restés mystérieux. Et ce texte est dans l'ensemble très explicite, même si certaines allusions sont encore obscures.

De toute évidence optimiste, la prophétie n'épargne pourtant pas les successions d'épreuves à l'Italie. La première phrase, avec la référence à Abraham, personnage que nous trouverons plus loin, est complexe. Mais on peut penser qu'Abraham symbolise ici le sacrifice demandé au pays, comme Dieu l'avait demandé à Abraham — qui en a d'ailleurs été récompensé puisqu'il est descendu de la montagne et en a rapporté son fils vivant.

Le pays se révolte dans le sang, et ceci laisse supposer que les tourments ont été grands. L'époque, le texte le souligne plus d'une fois, concerne une «troisième» Italie. Avant ce jour, «les cartes» (les documents) secrètes ont été révélées, ces documents dont nous avons déjà entendu parler, les témoignages qui éclairent un passé que nous croyions clair mais qui mettent sans aucun doute en cause la responsabilité de personnes qui étaient réputées honnêtes. «La femme est morte»: il s'agit sans doute de la femme qui gardait secrètes ces cartes — ce n'est qu'à sa mort, on s'en souvient, que ces documents devaient être révélés. Ce sont donc ces documents qui ont bouleversé l'organisation sociale et politique du pays. Les prisons se sont remplies de coupables que l'on n'aurait jamais pu soupçonner auparavant, et «deux Italie ont dû mourir pour nettoyer le passé». Deux mesures institutionnelles, donc, celle du présent et une autre, après, dont nous ignorons tout mais qui, sans doute, apporteront des désordres, des crimes, le chaos.

Les coupables démasqués se sont suicidés pour fuir

leurs propres responsabilités, d'autres ont été arrêtés — ils sont nombreux — alors que d'autres encore ont tenté de se sauver en tuant. Mais tous, même ces derniers, paieront pour leurs crimes.

Abraham reparaît, peut-être une figure symbolique. Il est dit plus loin qu'Abraham est père et fils de l'Europe. Il pourrait être un homme politique, ou même un mouvement pour l'unité de l'Europe. En réalité, l'Italie n'a pas vécu des moments faciles. «Sur cette terre où depuis longtemps le soleil s'est obscurci.» Et tout de suite après, une référence que nous avons déjà rencontrée dans les prophéties du début, concernant l'Église catholique : ce nouveau pape qui marche dans les rues ensanglantées de Rome.

«Aujourd'hui Rome n'a plus ce nom.» La prophétie pourrait être une menace, mais aussi une espérance car on est en droit de croire que la capitale n'est plus telle qu'elle était, les États-Unis d'Europe s'étant constitués. Le fait que ses palais soient au Nord fait justement penser à un transfert des ministères, des sièges politiques et administratifs. A Rome, on ne trouve plus que des ruines.

Mais que peut-il être arrivé de si terrible ? Sur chacune des collines de Rome, un chef a été tué avant que la troisième Italie ne soit constituée. Il s'agit sans doute d'une suite de complots et de trahisons de la classe politique dirigeante. Un personnage qui aurait lié l'Italie à la sphère communiste, pour en empêcher l'entrée dans la Communauté européenne : ce personnage est appelé par son nom, Sévère. L'Italie, donc, serait le dernier obstacle à l'unité de l'Europe, qui pourtant se fera. Et ceci arrivera grâce à la présence d'Abraham et de ses frères, personnages qu'il n'est pas possible d'identifier.

Sur le Janicule, il y a eu un serment secret, une conjuration. Cette grande trahison était destinée à ôter à l'Italie la possibilité de s'intégrer dans l'Europe et à faire ainsi s'écrouler, peut-être, la seule institution des États-Unis européens.

Mais le complot du Janicule sera balayé, par «le vent de la liberté». «Frères parmi les frères», dit le prophète, et cela signifie certainement la fraternité existant à l'intérieur et à l'extérieur du pays, fraternité entre nations européennes désormais unies.

Les dernières phrases de la prophétie parlent de quelqu'un qui «pleure et prie dans la petite maison de Lorette», cette fameuse maison portée par les anges, selon la tradition catholique. Qui est cette personne? il n'est pas possible de le dire. Mais, sans aucun doute, il s'agit d'un personnage important. Peut-être un mystique, ou un saint. Un homme qui parlera, en tout cas, avec une telle force qu'il sera entendu par le monde entier. «Le monde l'entend chaque nuit.» La toute dernière phrase est plutôt mystérieuse, mais sûrement de grande consolation. La nuit, d'accord : mais on peut comprendre nuit dans le sens de péril pour l'humanité, ce qui laisserait penser que cette voix se fera entendre chaque fois qu'il y aura danger pour l'humanité. Le fait consolant est que le monde saura écouter les prières, les pleurs et les paroles du solitaire dans la petite maison de Lorette. Et celui qui écoute, qui sait écouter, sait aussi vaincre le danger et se garder des menaces qui pèsent toujours sur le monde.

La femme de Luther sera trouvée dans l'aube livide, au pied du mur qui divise Berlin. Personne ne saura comment elle est arrivée, personne ne saura comment elle a été tuée.

Il y aura des signes sur son corps et celui qui essaiera de parler sera tué à son tour, avec les mêmes signes. Quand le monde reconnaîtra ce visage, on dira que sa vie était consacrée au vice. Elle avait quitté le pouvoir par amour du Christ, des humbles. Et au contraire elle avait été tuée par le vice.

Beaucoup de pays seront secoués, des gens se révolteront. Et un seul réussira à parler, juste à temps avant de mourir.

Il dira les noms de qui a tué, il révélera leurs signes secrets. Et le monde entier se lèvera contre le jeu des puissants, la fraternité secrète des puissants, qui préparait l'esclavage des peuples. Les rares chefs honnêtes sauront s'unir, les coupables seront renversés.

Cette femme qui laissa le pouvoir pour le Christ sera sanctifiée. Et pour lui construire un monument, le mur sera abattu, l'Europe unie à l'Europe.

Combien de sang pour rendre la justice. Mais seul le sang peut abreuver les nouvelles fleurs.

Paix à toi, Patricia, fille de Dieu.

La femme en question, Américaine, qui se prénomme Patricia comme l'indique la dernière phrase du texte, pourrait être cette même femme que nous avons déjà rencontrée et qui devint présidente des États-Unis d'Amérique du Nord et du Sud. Mais elle pourrait aussi être une femme américaine, à la grande fortune, économiquement puissante, ou le leader d'un grand mouvement social.

Selon le prophète, cette femme, arrivée au sommet du pouvoir, abandonne tout pour suivre la voie religieuse. Son geste fera du bruit mais suscitera aussi une grande admiration bien naturelle devant une telle action, inattendue.

Quelques années après, le cadavre d'une femme sera découvert près du mur de Berlin. Sur le moment, on ne fera pas le lien entre cette femme et celle qui s'est retirée pour se consacrer à la religion. Il n'est question que d'un fait divers, lié au monde du vice. Ceux qui savent la vérité et tentent de la dire sont abattus. Un seul d'entre eux réussira à tout dire, avant de mourir à son tour — on ne sait comment.

Il y aura alors un grand scandale, le monde entier sera touché. Patricia, sans doute, sera prise pour une femme de vice, à cause des circonstances équivoques de sa mort. Et ce fait retentira partout, déchaînera des réactions, voire des révoltes, des luttes entre ceux qui soutiendront une thèse et ceux qui soutiendront l'autre thèse. Le monde sera partagé en deux camps, parce que le personnage en question était sans doute lié à quelque mouvement idéologique de grande portée.

Quand la vérité sera connue, on découvrira que la morte n'était qu'une victime. Le prophète l'appelle tout simplement «fille de Dieu». Ici, le texte devient plus obscur, même s'il prend des proportions planétaires. Une conjuration de puissants, de chefs d'État aux intentions dictatoriales, s'est créée. On voit que, au cours des dernières années — et, pour étayer ce que je veux dire, on peut repenser à tout ce qui a été dit dans des prophéties précédentes — les peuples ont su lutter pour acquérir presque partout une liberté concrète. C'est donc contre cette liberté, pour l'étouffer, que les puissants complotent. Et peut-être Patricia a-t-elle été victime de cette conjuration, parce que, trop importante, elle représentait une autorité morale capable d'éventer ce complot. Parce que, si elle avait pris la tête des hommes libres, elle aurait pu empêcher les manœuvres des puissants.

Avec sa réhabilitation, malgré les tentatives de dénigrement et de disqualification, les desseins des comploteurs contre la liberté seront éventés. Les peuples, grâce à quelques chefs vraiment honnêtes, sauront se révolter et destituer les méchants. Il est ici clairement question de «fraternité secrète des puissants», donc de quelque chose qui n'est pas seulement occasionnel mais une véritable entente sous forme de confraternité secrète du pouvoir politique et du pouvoir économique.

La révolte des hommes libres sera dure et ferme, les conjurés seront jugés et leurs complices aussi. Le prophète parle de beaucoup de sang, mais il le justifie car «seul le sang peut abreuver les nouvelles fleurs».

La mort de Patricia mènera à une autre grande conquête de la civilisation : le fait qu'elle soit morte sous le mur de Berlin, le fait que cette sainte (parce qu'elle sera bien sanctifiée) soit devenue l'idole des peuples, tout cela permettra que soit abattu le mur qui divise Berlin en deux. Et c'est à cet endroit même qu'un monument sera érigé en son honneur.

En même temps devrait se réaliser l'union entre les deux Europe, l'occidentale et l'orientale.

*Voici le livre maudit, écrit par celui qui se
haïssait et haïssait sa race.*

*Voici le livre du mensonge, de la haine, des
égouts. A cause de ses mots ils mourront
nombreux, sans comprendre, sans connaître le
véritable auteur. Parce que lui est mort depuis
longtemps, et celui qui l'a trouvé se cache.
Voici le livre qui invoque la haine, qui divise
les hommes. Combien de mal il fera, combien
de douleurs il fera naître, combien de guerres.*

*Pour ce livre, on fabriquera de nouvelles
armes et beaucoup d'hommes se fermeront sur
eux-mêmes.*

*Voici la vérité, on criera dans les jardins,
sur les places. Celle-ci est la seule vérité.*

La terre et ses amours se retourneront.

*Soixante-dix ans le livre triomphera dans
un quart du monde, il formera des meneurs,
asservira des peuples. Et les hommes sèmeront
haine et famine.*

*L'orgueil, le rêve de l'orgueil, le nouveau
paradis. Enfer sur la terre.*

*Entre les guerres, quelqu'un parlera
d'amour. Mais même vaincu, faux, démasqué,
le livre aura toujours quelques adeptes,
jusqu'à la fin des temps.*

Le texte est on ne peut plus clair. On parle d'un livre
qui proposera une nouvelle idéologie, ou même, mais ce

n'est qu'une hypothèse secondaire, proposera quelque théorie ancienne. Ce livre fera du bruit et le monde se partagera en deux, à cause des idées contenues dans ce livre maudit. Le prophète laisse entendre que pendant soixante-dix ans le monde connaîtra des querelles, des guerres, des luttes idéologiques et sociales à cause de ces idées destinées à conquérir des peuples entiers. Et l'humanité, hélas! qui avait refusé les armes, recommencera à en construire.

Soixante-dix ans de guerres et de tourments, pour un livre, écrit par quelqu'un qui est mort depuis longtemps, retrouvé par un autre qui taira toujours son nom, mais répandra les idées du livre maudit.

« La terre et ses amours se retourneront. »

Peut-être cette phrase synthétise-t-elle le livre, avec des thèses qui renverseront toutes les conceptions scientifiques, sociales et politiques. Des idées qui porteront la haine entre les peuples, mais aussi entre les individus : même le concept d'amour sera lui aussi remis en question, contesté, refusé par les uns. On peut penser — et d'autres phrases de ce même texte nous y incitent, «beaucoup d'hommes se fermeront sur eux-mêmes» — qu'il s'agira d'une poussée fortement individualiste, capable de déchaîner des forces irrationnelles.

Un quart de l'humanité sera conquis, asservi par les partisans de ces idéologies. Après soixante-dix ans, les idées du livre seront démasquées, on démontrera leur caractère erroné. Et pourtant, jusqu'à la fin des temps, il y aura quelqu'un, toujours, pour croire en ces idées. Hélas! à cause de ce livre et de ses théories, l'humanité, en plus des guerres et de la haine, connaîtra des famines et même l'«enfer sur la terre». Alors que le livre avait promis le paradis !

A sept, de la Grèce à travers le monde,
après la vision. Et les nouvelles paroles
conquerront la terre.

Répétées par le Christ.

Répétées par ses nouveaux enfants. Ce sera
le moment du réveil et des grands chants.

Les rouleaux de parchemin seront trouvés
dans les Açores et parleront de civilisations
antiques qui enseigneront aux hommes des
choses antiques inconnues d'eux. La mort sera
éloignée et petite sera la douleur.

Les choses de la terre, par les rouleaux,
parleront aux hommes des choses du ciel.

Toujours plus nombreux les signes.

Les lumières dans le ciel seront rouges,
bleues, vertes, rapides. Elles augmenteront.

Quelqu'un vient de loin, veut rencontrer les
hommes de la terre.

Il y a déjà eu des rencontres. Mais qui a vu
vraiment s'est tu.

Si une étoile s'éteint, elle est déjà morte.
Mais la lumière qui s'approche est quelqu'un
qui est mort et qui revient.

Dans les cartes du souterrain de fer de
Wherner, toujours secrètes, la réponse, à
découvert. Le temps n'est pas celui que nous
connaissons.

Nous avons des frères vivants, des frères
morts. Nous sommes nous-mêmes, le temps
nous trouble.

179

Bienvenue Arthur, enfant du passé. Tu seras la preuve. Et tu rencontreras le Père de la Mère.

Le texte s'ouvre avec l'annonce d'un grand événement mystique, qui prend son origine en Grèce. Sept disciples, ou sept fondateurs d'un ordre, partiront de Grèce pour répandre la parole du Christ dans le monde. Il semble qu'ils auront des choses nouvelles à dire, parce que le texte spécifie «nouvelles paroles (...) répétées par le Christ». Donc, il s'agit peut-être d'une révélation dans la révélation.

De toute façon, la prédication, le réveil, mèneront à un grand remaniement chrétien : «Ce sera le moment du réveil et des grands chants.» Un moment de bonheur et de paix sûrement.

Il y aura aussi un autre grand événement, qui va bouleverser les certitudes scientifiques. Des rouleaux de parchemin seront retrouvés dans les Açores. Ils seront étudiés, interprétés et l'humanité connaîtra les expériences des civilisations perdues, inconnues : elle appliquera leur science, fera un bond en avant en matière de civilisation. Surtout dans le domaine médical, et particulièrement la gérontologie, puisque le texte dit : «La mort sera éloignée et petite sera la douleur.» Beaucoup de maladies seront vaincues, le moyen de prolonger la vie humaine sera découvert.

Mais dans ces rouleaux il y aura des révélations encore plus extraordinaires, qui touchent au spirituel : «Les choses de la terre (...) parleront aux hommes des choses du ciel.» Et l'homme pourra approfondir sa connaissance du divin, en plus de sa propre connaissance.

La seconde partie du texte prophétique fait penser aux O.V.N.I., mais une étude plus attentive de celui-ci conduit à des considérations plus profondes. Il y a en effet quelqu'un qui essaie de communiquer avec les hommes, et il vient de loin. Il y aura toujours plus de lumières dans le ciel.

Des rencontres, entre des êtres inconnus et les hommes, sont déjà arrivées, mais le prophète précise que celui qui a eu ces contacts s'est toujours tu. Les révélations de contacts avec des extra-terrestres ou toute autre entité subnormale ne peuvent donc qu'être l'œuvre de mythomanes ou de falsificateurs.

L'arrivée de ces lumières, le fait qu'on ait retrouvé des documents scientifiques secrets dans le «souterrain de fer de Wherner», un endroit et un nom que je n'ai pas su identifier mais qui sont peut-être le nom d'un scientifique et de son laboratoire, mèneront l'humanité à une découverte qui va plus loin que la possibilité de vie sur d'autres planètes.

«Nous sommes nous-mêmes, le temps nous trouble.» «Le temps n'est pas celui que nous connaissons.» En deux phrases, le prophète nous donne peut-être l'explication de tout. L'homme découvrira des vies et des mondes parallèles et il réussira à y pénétrer. En découvrant peut-être un des secrets de la mort, sa première limite. «Mais la lumière qui s'approche est quelqu'un qui est mort et qui revient.» Là aussi, nous arrivons au même type d'hypothèse.

La prophétie ouvre une perspective immense pour notre futur, mais il pourrait s'agir d'autres significations qu'aujourd'hui, avec ce que nous savons, nous ne pouvons déchiffrer. Il est possible qu'il y ait des contacts avec des êtres d'autres mondes, mais il est beaucoup plus plausible que des contacts avec des êtres humains de différentes époques soient établis, et que le temps tel que nous le concevons actuellement soit révolutionné par des démonstrations éclatantes. Des mondes parallèles, des réincarnations, des théories scientifiques parmi les plus modernes et les plus courageuses, en même temps que d'antiques conceptions gnostiques, pour ne pas parler de la tradition orientale : tout est mis en cause dans cette prophétie. Et cette prophétie est si vaste qu'elle contient sans doute d'autres solutions. Il n'est pas exclu que cette partie soit liée directement à la première, dans le texte, là où on annonce si clairement un réveil religieux, clairement chrétien aussi.

«Et les nouvelles paroles conquerront la terre. Répétées par le Christ.» Mystère de cette phrase.

On parle de «ses nouveaux enfants». Existerait-il de nouveaux témoignages chrétiens ? Assisterons-nous au retour des témoins de la première apparition sur terre du Rédempteur ?

On peut penser à une sorte de «temps des anges» que beaucoup de traditions, parmi lesquelles la catholique, annoncent, et dont parlent d'autres prophètes. Il peut s'agir aussi d'un signe précis du ciel, ou d'une apparition, d'un second retour du Fils de Dieu, avant le jugement dernier.

Hypothèses, seulement des hypothèses, parce que la matière est vaste, les prophéties déconcertantes, révolutionnaires pour l'humanité tout entière.

De toute façon, il y aura de grands bouleversements religieux et sociaux à la suite de ces événements. Et, sans doute, des controverses scientifiques. Mais le prophète dit : «Bienvenue Arthur, enfant du passé. Tu seras la preuve.»

Un jeune homme, nommé Arthur, qui vient du passé, donnera la preuve concrète de ces nouvelles théories, qui seront acceptées parce que, comme dit le prophète, ce personnage mystérieux rencontrera le pape : «Et tu rencontreras le Père de la Mère.»

C'est le temps des deux empereurs.

Et la Mère n'a pas de père, parce que beaucoup veulent être son père. Et deux seront soutenus par les adversaires.

Les cris et les barrières de la contestation se lèvent, mais déjà la Bête sort de l'eau.

Et la famine arrête les armées.

Les hommes se comptent mourir.

Et après la famine, la peste.

Dieu a déchaîné la guerre de la nature pour empêcher la guerre des hommes.

Le premier empereur meurt de faim, enfermé dans la tour de son rêve.

Le second empereur dans le désert, attaqué par les animaux de la peste, inconnus.

La fille de Caïn est montée au Nord, pour prêcher. Luxure dans la nouvelle Babylone, pour sept ans.

La septième année tombe le septième voile de Salomé, mais il n'existe pas d'empereur, il n'existe pas qui saura lever l'épée et couper le cou de Jean.

Le temps est proche.

Ce temps était, on s'en souvient, déjà annoncé dans les premières prophéties consacrées à l'Église catholique. L'Église n'a pas de pape mais deux adversaires au trône de Pierre, plus tous les autres qui attisent la scission. L'Église est divisée et les deux principaux adversaires sont soutenus par les armes et le pouvoir de deux empereurs. L'humanité, donc, est divisée en deux et se prépare à la guerre totale. Mais cette guerre sera arrêtée par le Ciel : «déjà la Bête sort de l'eau». Nous sommes dans l'Apocalypse de Jean, aux signes de la fin des temps, peut-être seulement de manière figurative, selon la clef symbolique qui sous-entend la fin d'un type de vie, pour l'avènement d'une civilisation humaine supérieure, fondée sur la foi, la connaissance, la fraternité entre les hommes.

C'est en ce sens que j'ai cru pouvoir interpréter toute la clef des prophéties d'Angelo Roncalli. Si, en de nombreux endroits, cataclysmes, famines, guerres, peurs menacent l'humanité, ce sont les paroles de consolation, de résurrection, de progrès authentique des hommes qui prédominent. Tout le texte, à mon avis, est remarquablement riche d'espoir, je dirais de foi dans l'avenir de l'homme, lié à son essence indivisible de fils, de créature de Dieu.

La famine et la peste, deux des malédictions de l'Apocalypse, s'abattront sur la terre, n'épargnant personne. Et elles arrêteront la guerre, elles empêcheront un grand massacre au nom de faux idéaux, dans un nouveau déchaînement de haine.

«Dieu a déchaîné la guerre de la nature pour empêcher la guerre des hommes.» La phrase est on ne peut plus claire.

Les deux empereurs finissent misérablement, l'un et l'autre frappés par une calamité. Le premier, «enfermé dans la tour de son rêve», meurt de faim. Conséquence de la famine, mais aussi, sûrement, phrase symbolique. On peut penser que ses partisans, en face de la famine, après s'être comptés au moment de mourir, se révoltent et l'enferment dans une tour, le laissant mourir de faim. Son grand rival mourra dans le désert, frappé par la peste. Ce fléau sera apporté par des animaux inconnus jusqu'alors, qui contamineront le second empereur.

Le chaos suivra ces fléaux. Et l'homme devra se laisser aller au culte du Veau d'Or, chercher dans le vice et le péché à oublier des moments terribles. Après la mort des deux empereurs, chaos et anarchie régneront, d'après une allusion du texte, et dans ce climat : « La fille de Caïn est montée au Nord, pour prêcher. »

Il peut effectivement s'agir d'un personnage féminin qui prône le péché et le désordre, comme il peut s'agir d'une idéologie symbolisée, ou d'un vent de passion qui monte du sud au nord et conquiert les hommes, en les étourdissant après leurs épreuves. Il se peut que l'humanité sorte décimée des deux terribles fléaux.

Cette période durera sept ans, et Babylone, « la nouvelle Babylone », une ville qui pourrait être Rome, sera le centre de la luxure. La septième année, ce sera la fin. La chute du septième voile de Salomé — mis à part le symbolisme des nombres et le symbolisme lié aux personnages bibliques — pourrait être le comble de tout. Il coïncidera sûrement avec la prédication d'un nouveau Jean-Baptiste, qui sera persécuté et emprisonné, comme le dit la prophétie, même si elle ne le révèle pas ouvertement.

Pourtant, il n'y aura alors aucun pouvoir capable de couper le cou du nouveau prophète, du nouveau prédicateur. L'humanité vivra donc en pleine anarchie, attendant passivement le réveil. Jean, l'homme nouveau, l'indiquera. On tentera de l'arrêter, mais personne n'aura la capacité ni le pouvoir de le faire.

Ce moment marque un grand changement. La phrase « Le temps est proche » fut prononcée par Baptiste pour la venue du Rédempteur. Mais ce peut être aussi l'annonce d'un autre temps, plein de mauvais présages et de terreurs.

Comme je l'ai écrit dans l'introduction de ce livre, les textes des prophéties que je reproduis, avec mon commentaire, ne sont qu'une petite partie de ceux qui existent réellement. Il s'agit uniquement des textes qu'il m'a été donné de recopier, grâce à mon «visiteur».

Ceci explique pourquoi, d'un texte à l'autre, il n'y a pas toujours, presque jamais même, de lien précis. Ceci explique aussi pourquoi des périodes entières sont laissées dans l'ombre. Les morceaux que j'ai pu recopier représentent à peu près vingt pour cent du texte intégral des prophéties énoncées par Angelo Roncalli dans le temple «Le Chevalier et la Rose». Dans ce temple où il fut le truchement — il ne faut jamais l'oublier — d'une action initiatique à laquelle ont collaboré soit les frères et les maîtres présents, soit les frères et les maîtres du passé, grâce à un rituel très ancien que je ne peux absolument pas rendre public.

A ce point des prophéties, il m'a été impossible de lire et de recopier de nombreuses feuilles. J'ai insisté auprès de mon «visiteur», inutilement, et j'ai demandé des explications à la fin du travail. Mais le silence le plus obstiné a répondu à mes questions.

Le saut est énorme. Maintenant, par exemple, nous nous trouvons confrontés à une forme de prophétie bien différente de celles que nous avons vues jusqu'à présent.

Sur quelques pages, toujours sur le même papier du même temple, avec la même calligraphie du grand chancelier et toutes les indications exactes du rituel, le prophète se limite à citer des noms et à inscrire, à côté de chaque nom, des phrases.

Si j'avais pu consulter les parties manquantes du texte complet, peut-être m'aurait-il été plus facile d'identifier les personnes et les choses citées. J'ai étudié longtemps la liste, examinant les noms sous tous les aspects possibles, mais sans aucun résultat pratique.

Une chose est certaine : les noms ont un rapport déterminant pour le déroulement des prophéties que nous avons examinées et celles que nous n'avons pu voir. Des noms qui, avec le temps, seront révélés, liés aux événements du futur. Mais comme, d'aujourd'hui à 1935, date où ces prophéties ont été écrites, existe pour nous un passé, il n'est pas possible de préciser s'ils sont en rapport avec le passé ou le futur. Les phrases qui suivent les noms sont, de plus, très hermétiques, peut-être même initiatiques.

Les phrases semblent être des avertissements destinés aux noms qu'elles accompagnent.

Il ne me reste qu'à reproduire intégralement le texte, avec les noms et les phrases, en souhaitant que quelque spécialiste, devant cette méthode prophétique, arrive à des conclusions pratiques auxquelles je n'ai pu parvenir moi-même.

ALBERT — *Chaque étoile vit de sa propre lumière, et le son de la voix ne suffit pas dans le noir, quand tout autour on meurt. De toi, on dira paix, mais tu sais que tu n'aurais jamais de paix à l'intérieur. Tard seulement, le monde connaîtra la douleur que tu as semée, par ton égoïsme.*

WEINER — *La haine pour ta ville et la haine pour le monde. Tu déposes le troisième livre, tu ramasses la poussière, marche parmi les gens et essaie de retrouver celui qui guida en prières tes premiers pas.*

188

STOCKHOLM — *Depuis longtemps la seconde vision, le second incendie. C'est le premier signe.*

CAINA — *Tu as trop de filles et un seul père, tu n'as pas de mère car tu ne sais être mère. Ce sera ta dernière fille qui te tuera et les autres te renieront quand elles s'apercevront qu'elles sont comme toi.*

ZELDA — *Chéris le souvenir et les fleurs même mortes. Il y a un temps pour tout, même pour l'amour tué par les autres.*

NEGH — *Sous ton lion il n'y a plus de marbre, mais les sanctuaires de tes conjoints exterminés. Seul tu mourras, haï et aimé, puis tu seras oublié. C'est ton lot.*

BABYLONE — *Tu as trois fois pour surgir et t'écrouler. C'est ton destin et je ne peux rien te dire, puisque je ne te parle pas.*

ENIAH — *Ta tour est seule, finis seulement un rêve, toi-même es rêve.*

SIGMUND — *Au-delà de ta ville et de ton esprit, de la chair dont tu viens, il y a des soupirs légers qui creuseront en quelques décennies tes cris forcenés.*

SIEGFRIED — *Le chant le chant le chant. C'est l'ultime voyage dans les marécages dont on ne revient pas. Donna Esmeralda, vierge et reine, seule. On se moquera d'elle.*

ALCES — *Ne cesse pas de ramasser des fleurs blanches, tes bras seront toujours plus grands et le poids ne te fatiguera pas, parce que chaque fleur saura encourager l'autre. Le monde a besoin de tant de fleurs.*

NEVA — *Soixante-dix-sept ans. Du premier sang gelé dans tes eaux au dernier sang, celui de la liberté. Deux noms presque égaux, deux morts. Et puis le triomphe de la vie.*

CORINNE — *Tu as su garder le secret même s'il est impossible d'oublier. Ce que tu peux dire peut te venger, mais te tuer au plus profond. Ferme les yeux dans ton sourire.*

VERA — *Au milieu des bois, tu attends les hommes de la liberté. Dans un rêve, la route leur sera indiquée en blanc. Ils te chercheront, ils te reconnaîtront. Et toujours ils béniront ton nom.*

ROSE — *La Vierge Très Sainte apparaît pour tous, mais parfois pour une seule personne. Tant de fois elle a demandé que l'on parle, à toi elle a demandé de te faire. Accueille dans la joie son dessein.*

PARIS — *Trois coups dans la nuit, trois malédictions. Les eaux, le feu, la peste. Dans le fer, tu te retrouveras.*

ROME — *Accepte les ruines, n'étends pas de fleurs ou de soie, pour les pieds nus de celui qui vient. Ces pieds aiment la douleur.*

HENRY — *Le quatrième fusil, armé par toi, tirera sur toi. Tu as écouté Martin sur les collines, tu t'es lié au pacte noir. Sur les collines, quelqu'un avant ta mort enlèvera tes descendants.*

FREDERIC — *Bienvenu au royaume de l'humilité, bienvenu élu parmi les humbles. Choisis Augustin, rejette Benoît.*

UK'UBUK — *La pierre noire est celle que tu cherchais, mais maintenant change sa couleur. Et le gris doré te suivra, les poings hauts, au-dessus du calvaire. Il y a un âge pour ton peuple. Le tien.*

HUGO — *Arrête-toi avant le trône et n'y pense pas. Tourne ta main vers les feuilles. Elles ne doivent pas rester blanches. La lumière n'éclaire pas toujours. Pour certains, elle étourdit puis elle tue. Que ta lumière soit ton blanc.*

HARWEY — *Ce qui est vitre sera feu et tu n'y pourras rien. Le dernier arrivé, le plus petit, le plus craintif, sera le plus dangereux. Tu ne le reconnaîtras pas.*

DAVID — *Abats la fronde, lève la tête. Il y a d'autres déserts à faire fleurir. Le grand désert est dans l'homme.*

SIMON — *Que cette petite flamme ne devienne jamais feu.*

WHANG — *Tu seras imprévu mais préparé. Le monde attend beaucoup de toi, des mots clairs, des drapeaux bleus, des sourires de foules, des sourires d'enfants. Tu habilleras les gens.*

MARLE — *Tu te reconnaîtras quand tu te verras sur la Bête triomphante. Alors tu changeras le nom de ta mère.*

CONCLUSION

Je n'ai plus jamais rencontré mon visiteur. Et avant de me quitter, il n'a pas sorti d'autres documents de sa serviette, ni répondu à mes questions.

Ces mêmes questions que le lecteur se pose à présent et auxquelles, hélas ! je ne peux répondre.

Les prophéties du pape Jean, que j'ai décidé de rendre publiques, sont donc une œuvre incomplète. Et je crois que c'est mieux ainsi. Je le sens. Et je sens aussi qu'un jour mon visiteur reviendra me voir, m'apportera d'autres feuilles bleues, d'autres procès-verbaux rédigés par le grand chancelier du temple «Le Chevalier et la Rose» et dictés par Angelo Roncalli.

Je n'ai pas l'intention de conclure ce travail en défendant l'authenticité de tout ce qui y est contenu. Je suis convaincu que le texte se consacrera par lui-même, quand les événements se seront vérifiés les uns après les autres. Peut-être même prendra-t-il alors une tout autre dimension que celle, trop simple, que je lui ai donnée. Parce que la réalité donnera à ces pages, d'une haute valeur artistique, d'un grand élan prophétique et ésotérique, une nouvelle richesse.

Je sais que j'assume de lourdes responsabilités en publiant ce document, mais ce n'est pas la première fois que je le fais, j'ai toujours eu le courage de mes actes, surtout quand je suis convaincu de quelque chose et de sa nécessité, comme dans le cas présent.

Je m'attends à de nombreuses critiques. De la part des laïcs décadents du xixe siècle, libertaires d'opérette, qui qualifieront cette œuvre de superstition, parce que les victoires des hommes sont liées à un discours fortement religieux. A des événements de la tradition catholique, comme les apparitions de la Vierge, qu'on voudrait faire passer pour des escroqueries, des spéculations, un certain fanatisme. Mais j'ai confiance dans l'authentique culture populaire, plus que dans la culture préfabriquée des «illuminés», capables de détruire, non de construire. Capables de se moquer, non de sourire. Et j'ai surtout confiance en la foi, en sa quotidienneté, dans son réveil tourmenté, qui touche les hommes simples où qu'ils soient, les grands aussi, quand ils se trouvent confrontés réellement au monde et à eux-mêmes.

J'ai confiance dans l'indestructible patrimoine de l'Église catholique, fondée par le Christ fils de Dieu, dans sa grandeur et son humilité, dans son amour et sa grande douleur qui est celle des hommes parce qu'elle est Mère des hommes. Mais je m'attends aussi, et même de la part de certains milieux ecclésiastiques, à de nombreuses critiques sur ce travail, à de non moins grandes accusations. Le fait qu'un pape comme Jean XXIII, déjà si controversé, soit présenté sous cet aspect inédit d' «initié» à certains mystères, de «frère» dans certains cercles ésotériques, inquiétera ceux qui croient encore à certaines légendes — qui, elles, sont réellement le fruit de la superstition.

Le groupe d'initiation, vraiment *libre*, selon la tradition et le document signé par les trois maîtres que je publie intégralement et pour la première fois, auquel Johannes fut admis, n'a rien de satanique, d'interdit, de noir. Il est très exactement une force qui émane de Dieu, un chemin différent, pour quelques-uns — choisis selon des critères non élitistes — et qui retourne à Dieu. Cette tradition est sœur du christianisme auquel j'ai toujours rendu hommage. Et je n'ai aucun lien avec des cercles ou des institutions pseudo-ésotériques ou pseudo-initiatiques, qui ont oublié leurs tables fondamentales pour se jeter dans de grotesques batailles temporelles.

Déjà, dans le texte prophétique de Johannes, nous trouvons une confirmation très nette dans ce sens. Sur le plan spirituel, les chutes les plus graves adviennent quand ceux qui devaient fixer le ciel ont trop baissé leurs regards vers la terre.

De la part de l'Église, je m'attends aussi à des réserves, des méfiances, même des condamnations. Je sais que j'en souffrirai parce que je veux appartenir à cette Église, toujours, de tout mon être. Et je ne peux rien demander à cette Église, sinon de rester elle-même. D'attendre, avant d'approuver ou de condamner. D'user d'une de ses vertus les plus grandes, la prudence. Indispensable, non seulement de la part de l'Église, mais aussi de tous ceux qui liront ces textes discutables, importants, qui seront sujets à des déformations, utilisés à des fins malveillantes et pour combattre les idées mêmes qu'en fait ils professent.

Que ceux qui voudront utiliser ces pages contre l'Église et ses hommes — tout est possible, même si ce document ne s'y prête pas — sachent que le texte prophétique ne s'éloigne jamais de l'orthodoxie la plus rigoureuse.

Que celui qui voudrait tout compliquer sache aussi que la simplicité, l'humilité et l'amour sont dans tous les mots de ces prophéties.

Restent les réserves et les accusations — elles ne manqueront pas — de la part de ceux qui se disent «initiés». Elles n'auront aucune valeur pour moi. Parce que ceux qui le sont vraiment connaissent la règle fondamentale du silence. Et qu'ils n'oseront jamais en dire plus, surtout là où je me suis interdit de le faire. Je connais et j'admire leur silence. Celui qui, au contraire, se permettrait de parler prouverait par là même qu'il est un imposteur et un mégalomane.

La voie ésotérique ne connaît pas le compromis.

Ce qui importe le plus, à vrai dire, c'est ce que ce livre dira aux hommes simples. Quelles que soient leurs idées et leurs opinions. Parce que ce livre est un livre de paix, de bonté, de fraternité. Un livre qui, pour utiliser une des plus belles formules de Jean XXIII, devrait annihiler tout ce qui sépare les hommes pour ne laisser que ce qui peut les réunir. C'est mon impression.

Aux hommes et aux femmes de bonne volonté du monde entier, aux humbles, aux simples, aux malades, aux enfants, aux vieux, à tous ceux que le pape Jean a le plus aimés, quelle qu'ait été leur foi, en les unissant dans le même embrassement fraternel d'amour, je veux dédier la dernière page des prophéties, les dernières lignes qu'il m'a été donné de recopier.

Elles ne cachent rien, ne prétendent à aucune révélation, elles sont d'une simplicité qui rejoint la grandeur.

Surtout, cette page témoigne de la confiance dans l'avenir de l'homme, créature de Dieu. La confiance. La grande, l'omniprésente conviction d'Angelo Roncalli, comme il l'a témoigné tout au long de sa vie et de son magistère. Qu'il vive encore dans chacune des pages que j'ai présentées, suprême acte de foi.

> *La prière, Mon Dieu, est tienne*
> *parce qu'est tienne la voix des gens*
> *quand ils se retrouvent dans l'ultime vie,*
> *te donnent leur dernier souffle et les yeux.*

Rien de tout ce qui est écrit ne vaut ce qui est
    dit
rappelé avec amour et transmis dans la sueur
de la terre par les voix basses,
prière de l'aube, du soir, de la nuit.
Quand est solennelle la terre que tu as semée,
quand est solennelle la prière qui s'échappe
avec les brumes ou les chaleurs parmi les
    mottes de terre,
l'œil qui, de loin, le regarde.
A chaque homme tu as donné un fils,
à chaque homme tu as donné un pain
et la prière se renouvelle chaque jour
quand sont brisés le fils et le pain.
La prière, Mon Dieu, est tienne,
parce que la voix dans le monde est seulement
    à toi,
celle de l'agneau, de l'arbre, de l'homme
de chaque chose marquée de ta main.
Que chaque temps serve ton souvenir
parce qu'aucun pas n'est fait en vain,
même celui du voyageur qui t'ignore
laisse une semence où germera ta gloire.
Qui se tait a prié, ou priera
et pour celui qui se tait tu as déjà prié
le septième jour, repos du créateur.
Chaque homme a déjà sa prière.
Elle est pleur, elle est rire, elle est cri, elle est
    fureur,
la vie même te prie depuis les abîmes,
que tu as peuplés de rêves amoureux
quand tu t'es dit Dieu de chaque pardon.
La prière, Mon Dieu, est tienne.

Table des matières

L'impression de ce livre
a été réalisée sur les presses
des Imprimeries Aubin
à Poitiers/Ligugé

Achevé d'imprimer le 20 octobre 1976
N° d'édition, 76504. — N° d'impression, L. 9382.
Dépôt légal, 4ᵉ trimestre 1976.

Imprimé en France